MERIAN *aktiv*

Vorarlberg

Raimund Haser

W0191519

Erläuterung der Symbole

 Restaurant

 Museum, Galerie

 Wandern, Spazieren

 Radeln

Zoo, Tiergehege, Reiten

Besichtigung

 Theater, Veranstaltung

 Wasseraktivitäten

 Tipps für Kids

 Sport & Fitness

Freizeit-/Activitypark

 Shopping

für Regentage

Inhalt

Seite

6 **Eine Region stellt sich vor**
Ein Streifzug durch Geschichte und Kultur in Vorarlberg

12 **70 Ausflüge und Tipps**
Die besten Ideen für Freizeit und Kultur in
Vorarlberg

1–17 **Bregenzerwald**

Tipp 1	14	Riefensberg: Juppenwerkstatt in Riefensberg
Tipp 2	15	Lingenau: Quelltuffweg und Gschwendtobelbrücke
Tipp 3	16	Lingenau: Variantenreicher Aktivsport
Tipp 4	17	Schwarzenberg: Besuch eines Schubertiade-Konzerts
Tipp 5	18	Egg/Bezau: Käsestraße Bregenzerwald
Tipp 6	20	Andelsbuch: Bregenzerwälder Käsehaus in Andelsbuch
Tipp 7	22	Sibratsfgäll: Wanderung von Sibratsgfäll nach Schönenbach
Tipp 8	24	Bezau/Schwarzenberg: Wälderbähnle
Tipp 9	26	Mellau/Damüls/Warth: Wandern, Nordic Walking
Tipp 10	27	Bizau: Sommerrodelbahn und Alpenlehrpfad
Tipp 11	28	Kleinwalsertal: Bergschau in der Region
Tipp 12	30	Damüls: Gipfeltouren im Bregenzerwald
Tipp 13	32	Damüls: Rodelspaß rund um die Uhr
Tipp 14	34	Damüls: Waldseilgarten Damüls
Tipp 15	35	Hochkrumbach: Wanderung zum Körbersee
Tipp 16	36	Warth/Schröcken: Skigebiet
Tipp 17	37	Warth/Schröcken: Outdoor-Action

Seite

18–37		**Bludenz**
Tipp 18	38	Schnifis: Wandern und Paragliden
Tipp 19	40	Großes Walsertal: Biosphärenpark Großes Walsertal
Tipp 20	42	Großes Walsertal: Bergsport
Tipp 21	44	Lech: Skigebiet Lech Zürs
Tipp 22	46	Lech: Lech Zürs im Sommer
Tipp 23	48	Lech: Sportpark Lech und Familienpark
Tipp 24	49	Pettneu: Wellnesspark Arlberg Stanzertal
Tipp 25	50	St. Anton: Kultur am Berg
Tipp 26	51	St. Anton: Klettersteige
Tipp 27	52	Brand/Ganz Vorarlberg: Golfplätze in der Region
Tipp 28	53	Tschengla: Hochplateau und Schaukäserei
Tipp 29	54	Bludenz: Altstadtbummel
Tipp 30	56	Bludenz: Alpen-Erlebnisbad und Saunaland Val Blu
Tipp 31	57	Brandnertal/Bludenz: Husky-Workshops/Hundeschlittenfahrt
Tipp 32	58	Braz/Dalaas: Fallbach und Mason-Wasserfall
Tipp 33	59	Brandnertal: Lünersee
Tipp 34	60	Brandnertal: Bürser Schlucht und Tiererlebnispfad
Tipp 35	62	Nenzinger Himmel: Wandern und Mountainbiken
Tipp 36	64	Sonnenkopf: Winterwanderweg Muttjöchle
Tipp 37	65	Sonnenkopf: Bärenland

Inhalt

Seite

38–52

Montafon

Tipp 38	66	Vandans: Bewegungsberg Golm
Tipp 39	68	Schruns: Nordic-Walking-Szene Montafon
Tipp 40	69	Schruns: Fußballszenecamp und Freizeitsport
Tipp 41	70	Schruns: Paragliden
Tipp 42	71	Gaschurn: Mountain Beach Freizeitpark
Tipp 43	72	Tschagguns: Aktivpark Montafon
Tipp 44	73	Tschagguns: Aqua-Wanderweg
Tipp 45	74	Montafon: Skifahren im Montafon
Tipp 46	76	Gargellen: Family Fun Club
Tipp 47	78	Partenen: Silvretta-Bikesafari
Tipp 48	79	Partenen: Europatreppe
Tipp 49	80	Partenen: Skisafari
Tipp 50	82	Galtür: Silvretta-Hochalpenstraße
Tipp 51	83	Montafon: Angeln in den Stauseen
Tipp 52	84	Bielerhöhe: Hochgebirgstour

53–70

Bodensee/Rheintal

Tipp 53	86	Konstanz: Altstadt und Meeresaquarium
Tipp 54	88	Friedrichshafen: Stadt und Museen
Tipp 55	90	Lindau: Stadt und Hafen
Tipp 56	91	Bregenz: Themenfahrten auf dem Bodensee
Tipp 57	92	Bregenz: Stadt und Kloster Mehrerau
Tipp 58	94	Bregenz: Bregenzer Festspiele
Tipp 59	95	Bregenz: Ausflug auf den Pfänder
Tipp 60	96	Höchst/Fußach: Rheindelta und Naturpark am Alten Rhein

Seite

Tipp 61 98 Lipperswil: Conny-Land
Tipp 62 99 Region Bodensee: Einkaufsbummel in den Städten der Region
Tipp 63 100 St. Gallen: Stadtbesuch
Tipp 64 101 St. Gallen: Säntispark
Tipp 65 102 Hohenems: Altstadt und jüdisches Viertel
Tipp 66 104 Dornbirn: Ausflüge im Umland
Tipp 67 106 Dornbirn: Museen
Tipp 68 107 Rankweil: Stadt und Umgebung
Tipp 69 108 Feldkirch: Stadt mit Schattenburg und Wildpark
Tipp 70 110 Vaduz: Kultur und Altstadt

112 **Wissenswertes über Vorarlberg**

114 Veranstaltungskalender
118 Praktische Tipps von A bis Z
121 Register

122 **Quickfinder**
     Alle Ausflüge auf einen Blick

128 Impressum

70 Ausflüge **in** und **um** Vorarlberg bietet dieser MERIAN *aktiv*. Manche Touren führen dabei bewusst über die Landesgrenzen hinaus, denn landschaftliche Schönheit endet nicht an geografischen Grenzen. Die Redaktion wünscht viel Vergnügen bei der Auswahl Ihrer Tour.

Vorarlberg
stellt sich vor

von links nach rechts:

Käsestraße Bregenzerwald ▸ S. 18

Wanderung im Nenzinger Himmel ▸ S. 62

Skifahren in Warth/Schröcken: Familienskitag in Faschina ▸ S. 36/42

Wandern zum Körbersee ▸ S. 35

Majestätisch erhebt sich die 2965 Meter hohe Schesaplana am Ufer des Lünersees.

Das besondere Österreich

Davor oder dahinter? Das kommt vor allem darauf an, aus welcher Perspektive man auf den Arlberg blickt. Mag es für die Tiroler und Wiener auch anders sein – für die Touristen, die dieses schöne Land besuchen, und für die Menschen aus dem Ländle selbst ist die Antwort klar: Der größte Teil Österreichs mag hinter dem Arlberg liegen, der schönste Teil aber liegt definitiv davor.

Das zweitkleinste Bundesland der Republik Österreich unterscheidet sich von den umliegenden Liegenschaften in fast allen Bereichen. Vorarlberg ist wirklich anders. Zum Beispiel sprechen die Menschen in den vier Landesbezirken Bregenz, Dornbirn, Feldkirch und Bludenz alemannische Dialekte, während der Rest Öster-

Alemannische Sprachwurzeln

reichs fast ausschließlich zum sogenannten bairischen Sprachkreis zählt. Außerdem gibt es hier keine echte Metropole wie Innsbruck oder Wien – aufgrund der historischen Wurzeln Vorarlbergs und des vielen Hin und Hers in den Wirren der Geschichte ist an Rhein und Ill alles recht demokratisch geregelt, auch wenn der Sitz der Landesregierung in Bregenz angesiedelt ist.

Und noch ein Unterschied: Im Gegensatz zu den deutschen Landen nördlich des Bodensees, wo mächtige Klöster und prunksüchtige Fürstenhäuser mit den Steuern und Abgaben ihrer Untertanen beziehungsweise der Gläubigen über die Jahrhunderte hinweg allerhand Baudenkmale errichtet haben, lebten die Menschen im südöstlichen Teil des alten Vorderösterreich bis zu Beginn der Industrialisierung im 19. Jahrhundert eher bescheiden. Lediglich einige Burgen und die vielen alten Bauernhäuser zeugen von der alten Zeit – errichtet wurden Erstere, um das Durchgangsland vor »bösen Buben« zu schützen, die Letzteren, um Ackerbau (im Rheintal), Viehzucht und Milchwirtschaft (in den Höhenlagen) zu betreiben.

Doch diese bescheidene, arme Zeit ist längst passé. Zur Zurückhaltung gibt es keinen Grund mehr, auch wenn die Vorarlberger – ihrem Wesen geschuldet – noch immer eher schaffig und etwas schüchtern als polternd und posaunend sind. Wirtschaftlich ist das westlichste Bundesland Österreichs dank früher industrieller Wurzeln und aufgrund der strategisch günstigen geografischen Lage heute die exportstärkste Region Österreichs. Touristisch ist das Ländle ohnehin eine Perle auf der europäischen Landkarte. Und die Internationalität der Region – hier zählt man ganze 24 Grenzübergänge – hat einen offenherzigen und weltmännischen Menschenschlag geformt, der wie geschaffen ist, um als Gastgeber in der Gastro-

Tradition im modernen architektonischen Gewand: die Juppenwerkstatt in Riefensberg.

delte Rheintal Städte wie Dornbirn, Hohenems oder Feldkirch, jede Menge Industrie und dabei auch zwei Drittel der Bevölkerung Vorarlbergs auf sich vereint, besteht der Rest des Landes aus Alpentälern wie dem Brandnertal, dem Bregenzerwald oder dem Montafon sowie Bergdörfern wie zum Beispiel Warth im Bregenzerwald (1495 Meter), Gargellen im Montafon (1423 Meter), Zürs am Arlberg (1717 Meter), oder Riezlern im Kleinwalsertal (1100 Meter). Entsprechend unterschiedlich sind auch die Wetterdaten – vom milden Bodenseeklima über das geschützte Rheintal bis zu den rauen Bedingungen in ausgesetzten Hochlagen im Montafon reicht die Wetterpalette, mit der man als Tourist auch rechnen sollte.

nomie und im Tourismusgewerbe Erfolg zu haben.

Doch damit nicht genug. All diese positiven Eigenschaften der Menschen und des Landstrichs zwischen Tirol und Bodensee, Bayern und Graubünden sind zudem auch noch eingebettet in eine landschaftliche Vielfalt, wie es sie in Europa selten gibt. Ausgehend von Bregenz am Bodensee, das »nur« 427 m über dem Meer gelegen ist, zieht sich das Ländle zunächst dem Rhein entlang und hinüber bis nach Bludenz (587 Meter). Dann weiter nach Schruns im Montafon (700 Meter) bis zum Piz Buin, dem mit 3312 Metern höchstem Berg in Vorarlberg. Während das dicht besie-

Nicht nur landschaftlich besteht eine große Auswahl für jede Art von Outdoor-Aktivitäten, von denen viele in diesem MERIAN *aktiv* zu finden sind. Auch kulturell bietet Vorarlberg ein breites Spektrum. So stehen musikalischen und geschichtsträchtigen Highlights wie den Bregenzer Festspielen, der Schubertiade in Schwarzenberg oder dem Jüdischen Museum in Hohenems traditionsreiche Sehenswürdigkeiten wie die Juppenwerkstatt in Riefensberg oder die Holzschuhmanufaktur in Bezau gegenüber. Und auch architektonisch geht es im Ländle bunt zu. Neben gut erhaltenen Bauernhöfen, Al-

Outdoor-Spaß im Vordergrund

men und Berghütten findet man hier auch hervorragende Beispiele moderner Holzarchitektur, die den Namen »Vorarlberg« zu Recht in alle Welt transportieren.

Zu guter Letzt steht in Vorarlberg ein sportives oder auch erholsames Freizeitangebot zur Verfügung, das es mit jedem Urlaubsziel in- und außerhalb der Alpen aufnehmen kann. Leider musste die Redaktion bei 70 Tipps Schluss machen – dabei gäbe es noch viel mehr Klettermöglichkeiten, Wanderwege, Rundtouren, Mountainbikestrecken, Almen, Hochtäler und Gipfel, die eine Beschreibung und vor allem einen Besuch wert wären. Ein Aspekt, der in diesem kompakten Ausflugsführer bewusst herausgestellt wurde, ist die Nähe zu Attraktionen, die jenseits der geografischen Grenzen Vorarlbergs liegen. Deshalb finden sich auch Ausflüge nach St. Gallen (Schweiz), nach St. Anton (Tirol) oder nach Konstanz (Deutschland) in diesem Buch. Denn Freizeit sollte man vor allem eines: grenzenlos genießen.

Vorarlberg ist vor allem eine Alpenregion, und so sollte man das Ländle auch genießen.

70 Ausflüge für Freizeit und Kultur in Vorarlberg

von links nach rechts:
Paragliden in Schruns ▸ S. 70
Naturausstellung in Dornbirn ▸ S. 106
Bergsport- und Outdoor-Zentrum in Gargellen ▸ S. 76
Kinder-Forschungspfad in Vandans ▸ S. 66

Prachtvolle Trachten in historischem Gewand

Die Juppe einer Wälderin ist ein edles Kleidungsstück. Diese Bregenzerwälder Tracht wird aus glänzendem Leinen mit vielen Falten genäht und mit einem hübschen Mieder verziert. Fast wäre die Herstellung der Juppen im Bregenzerwald ausgestorben, als sich der letzte gewerbliche Hersteller der Tracht 1993 zur Ruhe setzte. Doch die Gemeinde Riefensberg, das Land Vorarlberg und einige andere Institutionen retteten die alte Handwerkskunst und errichteten die Museumswerkstatt in einem schon für sich genommen sehenswerten Gebäude. Die Tenne des ehemaligen Gasthofs Krone beherbergt heute die Werkstatt. Weil der Wirtschaftstrakt zu wenig Licht für eine Manufaktur hereinließ, beschlossen Architekt und Bauherr, die Giebelwand komplett mit Glasschindeln zu versehen. Die prachtvollen Juppen sind in den Schauvitrinen im Erdgeschoss zu bewundern. Im einzigen beheizten Raum, der Nähstube, werden alle Stick- und Näharbeiten ausgeführt (es werden auch Kurse angeboten). Doch bevor es ans Nähen geht, werden im Untergeschoss die Stoffe eingefärbt, im Glästraum zum Glänzen gebracht und schließlich im Fältelraum in viele Plisseefalten gelegt. Kaum zu glauben, dass dort früher Rinder, Pferde und Heu untergebracht waren, wie man bei einer Führung erfährt.

Tracht und Frömmigkeit gehör(t)en zur regionalen Identität im Bregenzerwald.

KARTE ▶ D1

Was: Juppenwerkstatt Riefensberg
Wo: Juppenwerkstatt Riefensberg, Dorf 52, A-6943 Riefensberg, Tel. 00 43/(0)55 13/83 56 15, E-Mail: info@juppenwerkstatt.at
Wann: Mai–Okt., Di 10–12, Fr 10–12 und 14–16 (im Juni) bzw. 14–17 Uhr (Juli–Okt.)
Essen & Trinken: Ein besonders geschichtsträchtiges Haus ist der Goldene Adler, Cafe Grabherr (bekannt für hausgemachte Torten und Kuchen).
Web: www.juppenwerkstatt.at

Auch als Schatten imposant: die Gschwendtobelbrücke über der Ach.

Über Kalk und schmale Stege

An der Subersach bei Lingenau liegt das größte Tuffgebiet Vorarlbergs, eine der wenigen Kalksinterbildungen nördlich der Alpen. In kleinen Quellgerinnen fließt hier das Wasser über Baldachine und Sintervorhänge steil hinab ins Flussbett der Subersach. Der Quelltuffwanderweg führt als etwa einstündiger Naturlehrpfad über gut befestigte Holzstege und Treppen durch die zauberhafte Welt der Kalkformationen. Tafeln entlang der Strecke beschreiben, was der Kalk mit seiner Umgebung so alles anstellt. An der Grenze zwischen Egg-Großdorf und Lingenau überwindet die 1835 nach Alois Negrellis Plänen erbaute Gschwendtobelbrücke die Subersach – ein Meisterwerk. Von dort hat man einen tollen Ausblick auf die Ach.

KARTE ▶ C2

Was: Quelltuffweg und Gschwendtobelbrücke
Wo: A-6951 Lingenau. Der Quelltuffweg kann gut mit einer längeren Wanderung verbunden werden. Pläne der Brücke gibt es im Privatmuseum von Holzbildhauer Wendelin Hammerer, Tel. 00 43/(0)0 55 12/35 35-0, Voranmeldung erbeten.
Essen & Trinken: Gasthof Wälderhof, Tel. 00 43/(0)55 13/62 44; Gasthof Löwen, Tel. 00 43/(0)55 13/63 60
Web: www.vorarlberg-tourismus.at, www.lingenau.at, www.bregenzerwald.at

Feel it!

Manchem kann's nicht wild genug sein. Der Bregenzerwald mit seinen Schluchten, Flüssen und Felsen ist das ideale Terrain für Aktivsportfans. Bungee-Jumping, Canyoning und Rafting sind hier längst zu Hause. In Lingenau bietet die Firma High 5 Wildwasser- und Jumpingspektakel für jedermann. Die Bregenzerach in ihrem wunderschönen Flusstal eignet sich bestens für Rafting, Canyoning und Sprünge in glasklare Gumpen. Aber auch Aktivitäten abseits vom Wasser sind beliebt. Vom »coolsten Jump Österreichs«, einem Sprung von der 106 m hohen Bungy Bridge Lingenau, wird man noch lange schwärmen. Bei High 5 finden Individual- und Gruppensportler alles, was ihr Herz begehrt – und ein paar Minuten lang schneller schlagen lässt.

Im Wildwasser bleibt kein Auge trocken, und alles andere wird bestimmt auch nass.

KARTE ▶ C2

Was: Rafting, Canyoning, Bungee-Jumping, Canoe, OutdoorWeekend, OutdoorWeek, Kletterturm und Hochseilgarten in Lingenau
Wo: HIGH 5 outdoor

GmbH, Bahnhof 248 A-6951 Lingenau, Tel. 00 43 / (0) 55 13 / 41 40; Bungy Bridge Lingenau (zwischen Lingenau und Grossdorf), Bungee-Hotline: 00 43 / (0) 6 99 /

11 00 44 44. Wassersport auf der Bregenzerach, die übrigen Aktivitäten finden im Outdoor-Center in Lingenau (mit Hochseilgarten), an der Bregenzerach statt.
Web: www.outdoor.at

Die große Schubertinterpretin Elisabeth Leonskaja, vom Publikum bejubelt.

Hear it!

»Festspielorte sind zuweilen Zufluchtsorte. Die Flucht in die oberflächlich besehen heile Welt um Schwarzenberg gehört dazu ebenso wie die kontemplative Kulisse der Berge hinter dem Konzertsaal mit seiner bestechenden Akustik.« Was einst in der FAZ über die Schubertiade zu lesen war, hat seine Gültigkeit bewahrt, und auch heute gilt die Veranstaltung als eines der bedeutendsten Schubert-Festivals überhaupt. Die Festspiele wurden 1976 in Hohenems vom deutschen Bariton Hermann Prey gegründet. Seit 2001 ist das Festspiel in Schwarzenberg beheimatet. Sänger wie der Bariton Thomas Quasthoff oder der Countertenor Philippe Jaroussky gaben sich ebenso die Ehre wie die Pianisten Matthias Kirschnereit oder Christian Zacharias. Die Liste der Berühmtheiten ist lang, auch große Sänger und Kammermusikensembles kommen immer wieder gern hierher. Wer Karten für ein Konzert um 16 Uhr reserviert hat, kann hinterher getrost noch die sommerlichen Reize genießen, von denen Schwarzenberg viel zu bieten hat. Vorzugsweise lässt man sich im Biergarten nieder und genießt unter blühenden Kastanien feine Kalbsfilet-Medaillons an Pilzravioli.

KARTE ▶ C2

Was: Klassik von Weltrang bei der Schubertiade
Wo: Hohenems und Schwarzenberg, Schubertiade GmbH, Villa Rosenthal, Schweizer Straße 1, Postfach 100, A-6845 Hohenems, Tel. 00 43/(0) 55 76/7 20 9
Essen & Trinken: Restaurant Gasthof Adler, A-6867 Schwarzenberg, Tel. 00 43/(0) 55 12/29 66, Hotel Gasthof Hirschen, A-6867 Schwarzenberg, Hof 14, Tel. 00 43/(0) 55 12/29 44
Web: www.schubertiade.at, www.adler-schwarzenberg.at, www.hirschenschwarzenberg.at

Von mild bis wild

An der Käsestraße Bregenzerwald erfährt man, wie aus Milch Käse wird, wie Käse schmeckt und was man dann aus Käse alles noch so machen kann. Natürlich wird hier auch Käse verköstigt und verkauft.

Vorn wird noch Hand angelegt, im Regal stapeln sich die käsigen Leckerbissen.

Aber die Käsestraße ist noch mehr, z. B. eine Marke, ein Netzwerk von Erzeugern und Vermarktern, eine Philosophie, ein ökologisches Erlebnisreich für Gäste und Einheimische. Seit 1998 gibt es die Käsestraße Bregenzerwald. Mehr als 200 Mitglieder zählt der Verbund, darunter finden sich Bauernhöfe mit Hofläden, Dorfsennereien, Alpsennereien und Hotels, Restaurants, Gasthöfe, Ausflugs- und Jausenstationen.

Die Kunst des Käsemachens lässt sich vielfach beobachten, etwa in der kleinen Bergkäserei Schoppernau, in der Nostalgiesennerei Au-Rehmen und in der modernen Sennerei Sulzberg.

Wer sich unter einem Käsekeller ein Gebäude in traditionell alpiner Architektur vorstellt, wird überrascht sein: Im Bregenzerwald fühlte man sich der modernen Vorarlberger Architektur verpflichtet und errichtete nach den Plänen des Architekten Oskar Leo Kaufmann am Ortseingang von Lingenau einen schlichten Bau aus Sichtbeton. Besucher können vom Präsentations-

KARTE ▶ C2

Was: Käsestraße Bregenzerwald

Wo: Im ganzen Bregenzerwald, in allen 22 Dörfern, haben sich rund 200 Bauern, Sennereien, Hotels, Gasthäuser und Jausesta-

tionen zusammengetan, um die Marke KäseStrasse Bregenzerwald voranzubringen. Sennereiführungen und Verkostungen werden angeboten, z. B. in der Sennerei in Bezau,

Tel. 00 43/(0) 55 14/26 32; Molkekosmetikkurse bei Metzler Käse & Molke GmbH, Familie Melitta und Ingo Metzler, Bruggan 1025, A-6863 Egg, Tel. 00 43/(0) 55 12/30 44

Kein Widerspruch: traditionelle Lebensmittelproduktion und moderne Architektur.

raum aus einen Blick in den riesigen Keller werfen, in dem rund 33 000 Laibe Alp- und Bergkäse lagern und von Robotern gewissenhaft mit Salzwasser gebürstet und gewendet werden. Auch Ingo Metzlers Betrieb in Egg ist einen Besuch wert. Seit vielen Jahren produziert der Landwirt Molkekosmetik und Molkegetränke. Für seinen expandierenden Betrieb hat auch er einen modernen Bau hingestellt und die erste Sennschule Vorarlbergs

> Von Stallführungen über Tradition- und Handwerksinformationen bis hin zum Brauchtum: Die Käsestraße verbindet kulinarische Genüsse mit Lebensart.

eingerichtet. Jeder Kursteilnehmer stellt in einem eigenen Sennkessel in rund vier Stunden nach alter Produktionsweise einen essfertigen Käse her. Natürlich kann jeder seinen Käse nebst Sennzertifikat mit zu sich nach Hause nehmen. Wer aber Hunger hat, darf den Frischkäse aus Kuh- und Ziegenmilch, der auch »Wälderkäsle« genannt wird, umgehend probieren. Oder er bestellt sich gleich eine Bregenzerwälder Käsesuppe mit Brot.

E-Mail: metzler@molkeprodukte.com
Essen & Trinken: Eine ganze Reihe von Adressen für höchsten Käsegenuss findet man entlang der gesamten Käsestraße, z. B.

das Hotel Schwanen in Bizau oder die Krumbacher-Stuba in Krumbach oder den Alpengasthof Höfle in Hittisau.
Web:
www.kaesestrasse.at,

www.molkeprodukte.com,
www.schwanen.at,
www.krumbacher-stuba.at,
www.hoeflegasthof.com

So ein Käse!

Für Bergkäsefans ist es der Himmel auf Erden und ein absolutes Muss: das Käsehaus in Andelsbuch. Hier kommen Käsesorten aus dem ganzen Bregenzerwald zusammen. Mehr als 4500 Tonnen Rohmilch werden im Laufe eines Jahres im Bregenzerwald zu Käse verarbeitet. Es gibt den traditionellen Bergkäse, es gibt auch Weichkäse, aber besonders delikat schmeckt der Bregenzerwälder Hochalpkäse. Er kommt frisch von der Alpe, wo er drei Monate lang bei guter Pflege reifen durfte. Keine Frage: Man kann es schmecken, dass die Kühe frische Kräuterwiesen abgegrast haben.

Im Käsehaus zeigen die Mitarbeiter beim Schaukäsen, wie der Laib hergestellt wird. Erst gibt es ein Begrüßungsschnäpsle, dann wärmt der Senner im Sennkessel die Milch an und erzählt von Land und Leuten. Zusehen können die Gäste, wie das Lab in die Milch gerührt und wie später die dicke Milch mit der Käseharfe in Stücke geteilt wird. Und weil das Käsen eine Weile dauert und der Senner ja nicht nur von der Güte des Käses schwärmen will, gehört zum Schaukäsen auch das Verkosten der edlen Milchprodukte. Ein Blick in den weltweit größten Reifekeller für Bergkäse gehört auch dazu.

Wem das alles zu viel Käse ist, der kann sich in Andelsbuch auch mit der Angel entspannen. Beispielsweise am Forellenteich an der Bregenzerach. Kinder finden es spannend, zu warten, bis ein Fisch anbeißt. Die Wirtsleute des Gasthofs Tanna verleihen die Ausrüstung.

Davon würde sich jeder gerne eine Scheibe abschneiden.

KARTE ▶ C2   ✕ 🏛 ≈ 👪 🦪

Was: Bregenzerwälder Käsehaus
Wo: Käsehaus, Hof 144, A-6866 Andelsbuch; Karten fürs Angeln am Stausee gibt es im Andelsbucher Tourismusbüro.

Wann: Käsehaus: Mo–Sa 9–18, So und feiertags 10–18 Uhr
Essen & Trinken: Im Käsehaus selbst ist ein Restaurant angeschlossen.
Das Tanna: Dort gibt es

Forellen mit hausgemachtem Kartoffelsalat, geöffnet Mai–Sept. Mo–Sa 12–22 und So 11–22 Uhr.
Web: www.kaesehaus.at

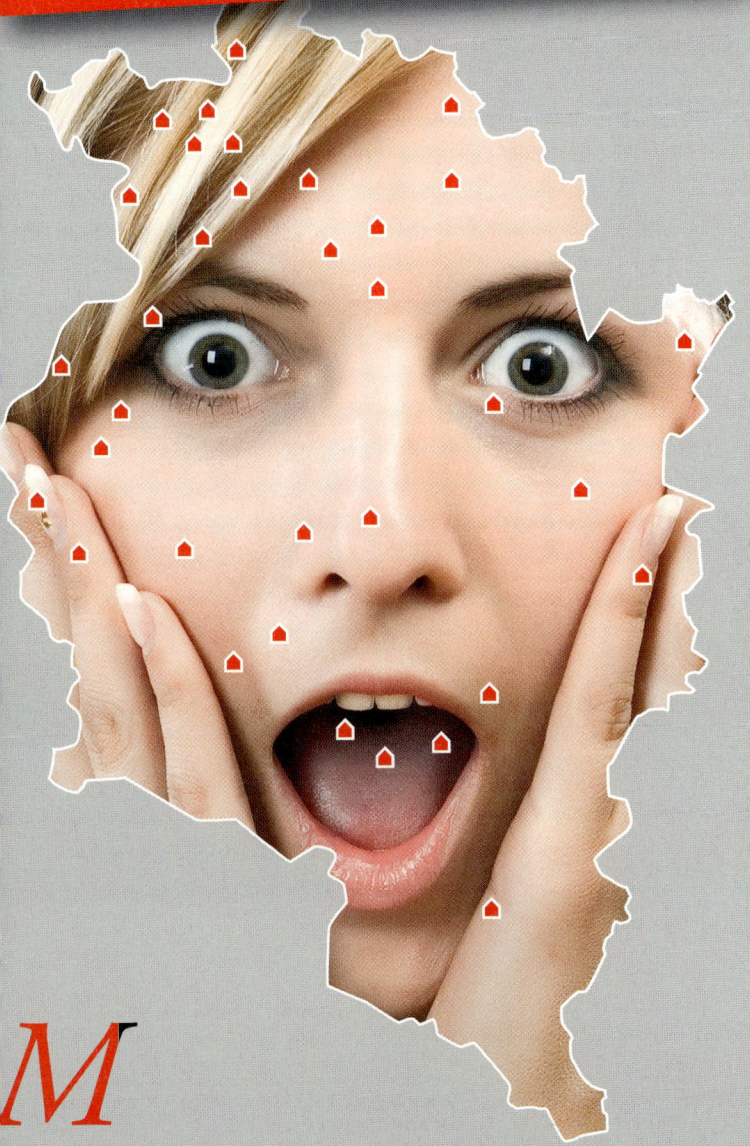

54 x STAUNEN

WWW.VORARLBERGMUSEEN.AT

Im Reich der Käsknöpfle

Wandern und die Ruhe genießen kann man im Bregenzerwald fast überall. Wer nicht gleich eine Riesentour machen will, nur einen Tag Zeit hat oder Kinder mitnehmen will, ist mit der 4,5-stündigen Wanderung von Sibratsgfäll nach Schönenbach bestens bedient. Sie gilt als relativ leicht, ist auch für rüstige Rentner und Kinder ab etwa acht Jahren geeignet und führt über 16 km durch alpine Natur. Hier, sagen die Einheimischen, sei der Bregenzerwald am schönsten und ursprünglichsten. Wege entlang von Felsen, durch Wald, Wiesen und immer wieder entlang der Subersach, wechseln sich ab.

Wer von Bregenz her mit dem Auto oder dem Wälderbus kommt, fährt erst bis Hittisau. Dort geht's Richtung Balderschwang (Riedbergpass), beim Gasthaus Tannenbaum rechts hinauf nach Sibratsgfäll, wo man bei der Kirche rechts abbiegt und ein paar Kehren hinunter zum Parkplatz bei der Krähenalpe fährt. Ein schmales Teersträßchen führt zunächst hinauf zu Nussbaumers Krähenbergalpe. Hier folgt man dem

Wanderweg Obere/Untere Auenalpe/Schönenbach. Märchenhaft ist der folgende Teil, der sich über Wurzeln und Felsen bis zum Wasserfall und auf ein verwunschen wirkendes Hochtal windet. Nach einem steilen Anstieg, dem sogenannten Hengstig, der Trittsicherheit verlangt, geht's durch den Wald an Felswänden entlang, bis sich der Blick auftut und die Vor-

Wandern ist ein Genuss mit allen Sinnen – sehen, hören, fühlen und riechen.

KARTE ▶ D2

Was: Wanderung (auch als Biketour oder Nordic-Walking-Strecke geeignet)
Wo: Von Sibratsgfäll nach Schönenbach, für den Rückweg gibt es mehrere

Alternativen. Die Wanderung dauert 4–4,5 Std., je nach Kondition, und ist für Kinder ab 8 Jahren und auch für rüstige Senioren geeignet. Gesamtlänge ca. 16 km,

je nach Rückweg, Höhenunterschied etwa 100 m
Wann: Frühjahr– Herbst
Essen & Trinken: Fast ein Muss ist der Gasthof Egen-

säßsiedlung Schönenbach auftaucht. Wunderschöne alte Holzhäuser dienen den Milchbauern als Zwischenstation auf dem Weg zu den höher gelegenen Almen. Im Gasthaus Egender kann man sich an Käsknöpfle aus der Holzschüssel laben – mit Original Schönenbacher Bergkäse –, bevor man sich auf den Rückweg macht. Wer vor dem Anstieg am Hengstig rechts abbiegt, gelangt auf einem Forstweg über die Ifer-Krähenbergalpe wieder auf den ursprünglichen Weg zurück zum Parkplatz.

Schönenbach ist ein Knotenpunkt von vielen Mountainbikerouten im Bregenzerwald. Von hier gibt es zahllose Möglichkeiten für Fahrradtouren. Auch einige Nordic-Walking-Strecken (insgesamt sechs von Sibratsgfäll aus) sind ausgewiesen.

der in Schönenbach, wo »Bruno's Käsknöpfle« serviert werden (Mo Ruhetag, am Wochenende empfiehlt sich eine Reservierung, Tel. und Fax 00 43/(0)55 13/64 10). Aber auch andere Gasthäuser wie die Jausenstation Bilgeri, der Gasthof Pension Ifenblick oder das Gasthaus Adler laden v. a. in Sibratsgfäll zum Einkehren ein.

Web: www.wandern.com, www.bregenzerwald.at, www.tourenspuren.at, www.gasthaus-egender.com

Geradezu putzig wirkt heute die moderne Technik von anno dazumal.

Auf schmaler Spur durchs Land

Es gibt sie noch – die Errungenschaften der Technik, die zwar längst überholt, aber glücklicherweise noch nicht vergessen sind. Ein Symbol des Fortschritts, das einst die Lebensader der Menschen im Bregenzerwald war, lässt sich heute noch für Gäste im wahrsten Sinne des Wortes erfahrbar machen – das Wälderbähnle. Mit historischen Dampf- und Diesselokomotiven und, wie es sich gehört, in der »Holzklasse« werden malerische Landschaft und erlebbare Technik eins. Zu verdanken ist das Wälderbähnle dem Verein Bregenzerwaldbahn Museumsbahn, der von Mai bis Oktober Fahrten zwischen Bezau und Schwarzenberg anbietet. Das Wälderbähnle tuckert gemütlich durch die schöne Landschaft, die gesamte Fahrt dau-

KARTE ▶ C2

Was: Wälderbähnle, Verein Bregenzerwälder Museumsbahn
Wo: Die Bahn verkehrt zwischen Bezau und Schwarzenberg; Verein BWB, A-6941 Langenegg,

Tel. 00 43/(0)6 64/ 4 66 23 30, E-Mail: info@waelderbaehnle.at, **Wann:** Gemäß Sommerfahrplan von Ende Mai– Mitte Okt. (2011: 28. Mai– 9. Okt.), reguläre Abfahr-

ten dreimal täglich; Sonderfahrten ab Mitte April–Ende Okt.
Essen & Trinken: Im zugeigenen Buffetwagen, der stets angehängt ist, kann man sich bestens mit Ge-

Regen in die tosende Bregenzerach gestürzt. Doch der Verein hat angepackt, aufgebaut und sich schließlich von dem Schock erholt. Inzwischen läuft alles wieder wie geschmiert, dank Hunderten von freiwilligen Helfern und Vereinsmitgliedern.

Die letzte Steigung der Strecke fordert den Lokomotiven noch einmal alles ab, bis nach etwa 30-minütigem Ächzen der Motoren Schwarzenberg in Sicht kommt. Die Loks ziehen urige Wagen mit Holzbänken hinter sich her. In den planmäßig verkehrenden Zügen gibt es auch einen Buffetwagen, die »Wälderschenke«.

Kinder und Erwachsene freuen sich gleichermaßen über das alte Bähnle, das sich längst zu einer weit über Vorarlberg hinaus bekannten Attraktion entwickelt hat. Sonderfahrten – z. B. mit dem Nikolaus Anfang Dezember – sind längst etabliert und meist schon lange vor dem Abfahrtstermin ausverkauft. Für bestimmte Anlässe kann die Bregenzerwaldbahn auch für private Sonderfahrten gemietet werden. Und neuerdings ist die Bahn auch behindertengerecht.

ert nicht ganz eineinhalb Stunden und ist nur 5 km lang. Von Bezau geht's nach Reuthe bis zur Haltestelle Reuthe Hof. Beim original erhaltenen Haltestellenhäuschen aus der Gründerzeit hält die Bahn zum ersten Mal. Weiter rattert der Zug an der wildromantischen Bregenzerach entlang durch Hohlstein bis zur 68 m langen Sporeneggbrücke, dem neuen Wahrzeichen der Museumsbahn.

Schon mehrmals hat Hochwasser die Bahnfahrt bedroht, am 22. Mai 1999 ist die Brücke nach starkem

tränken und Essen versorgen. Auch in Bezau und Schwarzenberg gibt es viele Gasthäuser, Hotels, Restaurants und Jausenstationen, z. B. den Gasthof Berchtoldshöhe, das Mesnerstüble oder das Panoramahotel Sonnhalde in Schwarzenberg oder auch den Berggasthof Sonderdach, den Gasthof Sonne und die Taube in Bezau.

Web:
www.waelderbaehnle.at,
www.bregenzerwald.at,
www.schwarzenberg.at,
www.bezau.at

Der Blick auf die Kraxelfelsen weckt auch bei Kindern die Wanderlust.

In die Wanderstiefel und los!

Wanderstrecken für alle Ansprüche in einer Landschaft mit traumhaften Ausblicken – das gibt es in der Region Damüls, Mellau und Warth. Familien mit Kindern werden sich für den Walser-Wasser-Wanderweg in Warth-Schröcken begeistern. Der Weg führt entlang der jungen Bregenzerache, dann hinauf zum ersten Alpmuseum Vorarlbergs, zum Körbersee und zum Kalbelesee. Vier bis fünf Stunden muss man dafür rechnen. Doch auch alpine Sportler finden hier ernst zu nehmende Herausforderungen oder Nordic Walker passende Routen. Mellau beispielsweise bietet schöne Strecken für aktive Nordic Walker und für Wiedereinsteiger. Je nach Lust und Laune geht es dort eineinhalb bis zweieinhalb Stunden durchs Gelände.

Für geübte Kletterer oder für wenig ängstliche Neugierige empfiehlt sich der Hochseilgarten in Damüls. Schwierigkeitsgrade für alle Geschmäcke sind im Angebot. Schon Kinder ab sechs Jahren können sich anseilen und losklettern.

KARTE ▶ C2　　　　　　　　　

Was: Wandern im Bregenzerwald
Wo: Mellau, Damüls und Warth
Wann: Frühjahr–Herbst
Essen & Trinken: Hütten und Gasthöfe locken in der ganzen Region mit typischer Küche. Angenehm sitzt es sich beispielsweise im Gasthaus Simma mitten im Wandergebiet oberhalb von Mellau. Auf der schönen Sonnenterrasse schmeckt der Apfelstrudel besonders gut.
Web: www.bregenzerwald.at

Durch 80 Kurven rasen

Es gibt sie längst überall, aber nirgends ist sie so lang wie in Bizau: Auf der längsten Sommerrodelbahn der Welt ist der Spaß garantiert, denn das Rodelvergnügen ist für Kinder und Erwachsene gleichermaßen geeignet. Die Fahrer bestimmen das Tempo selbst, mit dem sie ins Tal fahren, denn die Rodel sind mit handlichen Bremsknüppeln ausgestattet, Warnschilder weisen auf die schwierigen Stellen hin. Wer also mal richtig Gas geben will, sollte zu vorausfahrenden Angsthasen Abstand halten – die ganzen 1850 m lang und durch 80 Kurven hindurch. Vor dem Rodelvergnügen geht es entweder bequem mit der Hirschberg-Doppelsesselbahn bergwärts, oder aber ein gemütlicher Spaziergang führt an schönen Almen vorbei bis zum Einstieg in die

Bahn an der Mittelstation des Lifts. Empfehlenswert ist auch die zweistündige Rundwanderung entlang des Alpenlehrpfades, der auf 16 Tafeln Landschaft, Pflanzen und Tiere erklärt. Einen besseren Ort für das Naturstudium gibt es kaum, denn Bizau liegt mitten in einem Pflanzenschutzgebiet. Auf den Almen am Berg gibt es zudem nur das Beste aus dem Bregenzerwald.

Fahrtwind oder Freude? Die Mundwinkel zieht es hier jedenfalls weit nach oben.

KARTE ▶ C2

Was: Sommerrodelbahn Bizau, Alpenlehrpfad
Wo: In Bizau am Hirschberg
Wann: Öffnungszeiten Sommer (9. Juli–12. Sept.): bei trockener Witterung 9–17 Uhr, tgl. geöffnet, Tel. 00 43/(0)55 72/2 50 79 (Büro), Tel. 00 43/(0)55 14/21 45 (Talstation), E-Mail: info@hirschberg.at
Essen & Trinken: Viele Restaurants und Gasthäuser in Bizau, am Berg z. B. das Panoramarestaurant Hirschberg auf 1436 m Höhe oder das Café ediths in Bizau.
Web: www.hirschberg.at

Wo der Wildbach rauscht

Europa trifft Afrika – die Bergschau zeigt, wie das geht. Auf vier verschiedenen Höhen an vier unterschiedlichen Orten zwischen Allgäu und Kleinwalsertal geben Ausstellungen Einblicke, wie aus dem Meer vor Urzeiten die Alpen und speziell die Berge dieser Region entstanden sind, und sie vermitteln die gegenseitigen Abhängigkeiten von Bergflora und -fauna auf eine äußerst spannende Art und Weise. So ist auch der Nachwuchs leicht für Erdgeschichte und Naturkunde zu begeistern.

Auch als Ausgangspunkt für eigene Erkundungen ist die Bergschau bestens geeignet. Wer ganz am Anfang beginnen möchte, der geht ins Alte Rathaus in Oberstdorf. Dort befindet sich das tiefstgelegene Bergschau-Zentrum. Es zeigt u. a. ein Profil der Berglandschaft rundherum. Dort sind Wanderwege, Hütten und Bergbahnen zu sehen – ein perfekter Ort, um sich eine eigene Route herauszupicken. Die zweite Station der Bergschau ist an der Breitachklamm in Tiefenbach auf einer Höhe von 830 m. Sie wollen wissen, wie sich unterschiedliche Wasserstände geologisch auswirken? Bitte schön. Das interaktive Modell der Breitachklamm macht es möglich. Und dann geht es auch gleich rein in die Klamm. Wer noch mehr Lust auf die Bergschau hat, der kann sich im 1122 m hoch gelegenen Walserhaus umschauen. Dort zeigt sich, wie interessant Steine sind, denn sie erzählen aus ihrer Geschichte. Nun kann man auch nachvollziehen, wie sehr die Geschichte des Menschen mit Steinen verbunden ist: Aus der Steinzeit ist eine originale Feuerstelle zu sehen. Auf dem Fellhorn auf 2037 m schließlich lernt man die Gesteine auch im Wortsinn zu begreifen. Die Bergwelt lässt sich entweder im Rundumblick bestaunen oder in einem Film genießen.

> Das Kleinwalsertal ist bequem und schnell von Deutschland aus erreichbar. Wer aus diesem österreichischen Tal jedoch weiter ins Mutterland Austria will, muss zurück ins Allgäu und gelangt über den Riedbergpass nach Vorarlberg. Natürlich ist auch eine Wanderung über die Pässe – nur im Sommer – möglich.

KARTE ▶ E2

Was: Bergschau im Kleinwalsertal
Wo: Oberstdorf, Breitachklamm, Fellhorn
Wann: Bei geeigneter Witterung von Mitte/Ende Mai–Ende Aug. 9–20 Uhr

Essen & Trinken: Gourmets finden in der Humbachstube im Alpenhof Jäger alles für den verwöhnten Gaumen. Küchenchef Martin Jäger hat viele internationale

Auszeichnungen.
Sonstiges: Freibad Kleinwalsertal in Riezlern bei der Kanzelwandbahn; dort gibt es u. a. eine 59 m lange Rutsche, Sprudelliegen und eine Breitrutsche

Weil es im Kleinwalsertal eher ruhig zugeht – es ist ja nur vom Allgäu aus zu bereisen –, gilt es eher als heimeliger Rückzugsort für diejenigen, denen es in Oberstdorf zu laut ist. Dennoch ist das Kleinwalsertal ein integraler Bestandteil Vorarlbergs, was sich an Sprache, Kultur und Gastlichkeit unschwer erkennen lässt. Im Winter ruft der Berg vor allem Familien, denn die zum Kleinwalsertaler Skigebiet gehörenden Gipfel Ifen, Walmendinger Horn, Kanzelwand und Heuberg sind schneesicher und nicht zu steil. Außerdem locken die Bergbahnen traditionell mit günstigen Kindertarifen.

Kleine Entstehungsgeschichte der Alpen gefällig? Macht die Urzeit zum Greifen nah.

»Triple Slide«. Geöffnet von Mitte/Ende Mai–Ende Aug. 9–20 Uhr. Für Spieler: Casino in Riezlern, A-6991 Riezlern, Tel. 00 43/ (0)55 17/50 23-2 40; geöffnet tgl. ab 18 Uhr.

Für Skibegeisterte: Skimuseum in Hirschegg, Walserstraße 64 im Walserhaus; geöffnet Mo–Sa 9–17.30 Uhr sowie So und feiertags 9–15 Uhr Im Sept. ist der Almabtrieb des Almviehs sehenswert, der im Kleinwalsertal »Viehscheid« genannt wird.

Web:
www.kleinwalsertal.com,
www.alpenhof-jaeger.de

Der Gipfel des Wanderspaßes

Einmal rund um die Siedlung, die Schweizer Bauern um 1300 zwischen dem Bregenzerwald und dem Großen Walsertal gegründet hatten, führt die viereinhalbstündige Tour »Rund um die Walsersiedlung« in Damüls. Was vor Hunderten von Jahren als karges und unwegsames Gelände gerade gut für die wahrscheinlich auch von Hungersnöten vertriebenen Walser war, präsentiert sich heute als ausgezeichnetes Wandergebiet. Von Damüls aus befördert der Sessellift »UGA-Express« Wanderer zum Ausgangspunkt der Tour auf 1800 m. Hier, oberhalb der Baumgrenze, geht es über die Gipfel des Hochblanken und des Ragazer Blankens. Nach etwa zwei Stunden Gehzeit folgt der leichte Abstieg über das Sünser Joch und die Oberdamülser Alpe zurück nach Damüls.

Höhere Ansprüche stellt die Gipfelroute auf den Zitterklapfen bei Au: Auf der rund neuneinhalbstündigen Tour von Au über die Annalperaualpe auf den Zitterklapfen – zurück nimmt man denselben Weg – werden 1600 Höhenmeter überwunden. Der Gipfel des felsigen Massivs gilt als einer der schöns-

ten der Region – ihn zu besteigen erfordert allerdings Schwindelfreiheit und Trittsicherheit.

Eine der schwersten und längsten Touren im Bregenzerwald führt auf die 2649 m hoch gelegene Braunarlspitze. Die Tour geht über hochalpines Gelände und gilt als alpiner Steig, Trittsicherheit und Schwindelfreiheit sind also unbedingt erforderlich. Die Braunarlspitze ist im

KARTE ▶ C3

Was: Gipfeltouren um Damüls und Au-Schoppernau; Natur-Erlebnis Holdamoos
Wo: Gemeinden rund um Damüls und Au-Schoppernau

Wann: Vorsäßhütte Holdamoos: Mitte Mai–Mitte Okt. Fr 14–16 Uhr; Mitte Juli–Anfang Sept. zusätzlich Mi 14–16 Uhr; Jan.–März Fr 14–16 Uhr; im Feb. zusätzlich Mi von 14–16

Uhr; geführte Kräuterwanderungen: jeden Mi von Mitte Juni–Mitte Sept., Treffpunkt: 14 Uhr bei der Kirche in Au-Rehmen, Anmeldung bis 10 Uhr im Tourismusbüro, Tel.

Gipfelglück mit Alpenglühn – viel Gefühl, wenig Trubel.

Sommer und Winter das Ziel anspruchsvoller Bergtouren, im Sommer gibt es aber nur ein kurzes Zeitfenster zwischen Juli und September, in der die Besteigung mit Bergschuhen möglich ist. Start der Gipfeltour ist Schröcken, von dort aus geht es über den Weimarer Steig nach oben, zurück übers Braunarlfürggele und den Hochberg – ein weiterer Gipfel – wieder hinab nach Schröcken.

Wer es etwas ruhiger mag, dem seien die Route durch das Naturschutzgebiet Auer Ried mit seinem Lehrpfad und den über 50 seltenen Pflanzen oder das Naturerlebnis Holdamoos zwischen Au und Schoppernau mit Kräutergärten, und Spazierwegen empfohlen.

00 43/(0) 55 15/22 88
Essen & Trinken: Hütten entlang der Routen und Gaststätten in den Ausgangsorten
Sonstiges: Vom Wandern bekommt man gerne müde Füße. Abhilfe schafft da der Barfußweg Bizau, weiter vorne im Bregenzerwald. Ohne Schuhe macht man sich auf zu einer Zeitreise zwischen dem Gestein, das die Gletscher vor 10 000 Jahren zurückgelassen haben, und den Pflanzen, die heute in unseren Gärten wachsen. **Web:** www.damuels.at, www.au-schoppernau.at, www.bregenzerwald.at

Abwärtstrend auf schnellen Kufen

Wenn ein Ort wie Damüls mit seinen gut 300 Einwohnern hoch oben auf 1400 m liegt, schwebt immer etwas Geheimnisvolles mit, besonders wenn man des Nachts unterwegs ist. Vielleicht gibt es sie ja doch, die Berggeister, von denen in so manch alter Sagengeschichte die Rede ist? So richtig in Ruhe herausfinden kann man das beim Nachtrodeln in Damüls, denn diese Attraktion ist nach wie vor ein Geheimtipp. Eine 2,5 km lange Strecke, die natürlich auch tagsüber befahrbar ist, wird immer mittwochs und freitags nach Anbruch der Dunkelheit zwei Stunden lang von Flutlicht erleuchtet und bietet nächtlichen Rodelspaß für alle, die sich den steilen Hang hinabtrauen. Diejenigen, die gar keinen Schlitten besitzen, können sich im Sportgeschäft vor Ort einen geeigneten ausleihen. Zu erreichen ist die Naturrodelbahn über den beheizten »UGA-Express«; die Bergstation ist zugleich Startpunkt. Die nahe gelegene Elsenalpstube – mit ihren drei Sternen, einem modernen Restaurant und 100 Betten alles andere als eine urtümliche Berghütte – lädt zwischen den Fahrten auf ein Glas Glühwein zum Aufwärmen ein. Und wer einen Berggeist sieht, bekommt bestimmt einen Jagatee umsonst – so viel ist sicher.

Berggeister hin oder her – wer sich auf jeden Fall zwischen Bregenzerwald und dem Großen Walsertal tummelt, das sind die Schneegeister. Spätestens seit 2006, seit Damüls der Titel »Schneereichstes Dorf der Welt« verliehen wurde, spricht sich herum, dass der Winter

---

KARTE ▶ C3

Was: Skifahren und Nachtrodeln im Skigebiet Damüls
Wo: Damüls–Faschina Tourismus, Kirchdorf 138, A-6884 Damüls, Tel. 00 43/(0)55 10/62 00, E-Mail: info@damuels.at; Seilbahnen Damüls, Uga 74, A-6884 Damüls, Tel. 00 43/(0)55 10/6 00; Berggasthof Elsenalpstube, Uga 103, A-6884 Damüls, Tel. 00 43/(0)55 10/2 97
Wann: Aktuelle Informationen zum Skigebiet Damüls im Internet; das Nachtrodeln findet von Dez.–April Mi und Fr, 19.30–21.30 Uhr statt.

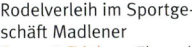

Vor Freude abheben! Sicherer ist es aber, die Bodenhaftung nicht zu verlieren.

hier ein Zuhause hat. Durchschnittlich 9,30 m Neuschnee fallen hier jedes Jahr – der sorgt für eine Schneesicherheit, die man anderswo vergeblich sucht und die Hunderttausende Skibegeisterte jedes Jahr in den Ort lockt. Seit dem Zusammenschluss mit dem Skigebiet Mellau sowie dem in Faschina verfügt das Skigebiet rund um die Mittagspitze derzeit über 109 Pistenkilometer aller Schwierigkeitsgrade sowie über 29 Liftanlagen.

Eine stetige Erweiterung und Verbesserung der Pisten, besucherfreundliche Details wie Sessellifte mit modernster Kindersicherung oder ein kostenlos nutzbarer Skibus aus dem Großen Walsertal machen Damüls für alle – ganz egal ob Extremsportler oder Familie – zu einem lohnenswerten Ziel.

Rodelverleih im Sportgeschäft Madlener
Essen & Trinken: Elsenalpstube und Uga-Alp sowie die Gaststätten im Dorf
Sonstiges: Auch das Leihen von Skiern und weiterer Ausrüstung (z. B. Helm) ist im Skigebiet direkt an den Liftstationen gut möglich. In der Hauptsaison kann es sich lohnen, ein Gefährt für das Nachtrodeln zu reservieren, da das Programm viele begeistert und Schlitten häufig nicht zur eigenen Wintersportausrüstung gehören.
Web: www.damuels.at, www.elsenalpstube.at

Auf Wipfelfühlung

Besonders fit muss man nicht sein – darauf legt Thomas Schäfer, der Inhaber von Vorarlbergs größtem Waldseilgarten, wert. Jeder darf hier so viel oder so wenig klettern, wie er sich eben zutraut – »Learning by doing« heißt die Devise. Kletterwütige ab sechs Jahren können – ganz gleich, ob nah am Boden oder in atemberaubenden zwölf Metern Höhe zwischen den Baumkronen – ihre Fähigkeiten entdecken. Professionell abgesichert mit Helm, Gurt und Kletterseil und unter Führung von erfahrenen Trainern fällt es leicht, die eigenen Grenzen auszuloten und auch einmal über sie hinauszuwachsen.

Um von einem der Bäume zum nächsten zu gelangen, gibt es im Waldseilgarten Damüls viele Möglichkeiten: Mal sind die teils atemberaubend konstruierten Brücken aus frei hängenden Brettern, mal aus Balken gebaut, und ab und zu lässt sich der nächste Baum auch nur über eine Seilrutsche erreichen. Für ganz Waghalsige bietet Schäfer den Fox-Parcours an: Nicht nur die Kletterhöhe von bis zu 40 m, sondern auch eine Streckenlänge von 130 m machen klar, dass auch anspruchsvollen Kletterern im Waldseilgarten Damüls keine Langeweile droht. Für die Benutzung des Waldseilgartens sind feste Schuhe und funktionelle Bekleidung unbedingt zu empfehlen.

Nur nicht loslassen und immer nach oben schauen, heißt die Devise.

KARTE ▶ C3

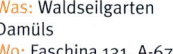

Was: Waldseilgarten Damüls
Wo: Faschina 131, A-6733 Fontanella, Tel. 0043/(0)5510/322
Wann: Geöffnet von Mai–Sept.; genaue Öffnungszeiten siehe Homepage, wechselnde Wochentage je nach Monat, wenn geöffnet, dann 10–18 Uhr
Sonstiges: 7 verschiedene Parcours decken alle Schwierigkeitsgrade ab, von »Bambini« mit einer max. Höhe von 1,5 m bis zu »Rote Wand« und »Fox« (Höhe bis 40 m).
Web: www.das-seil.at

Fein glitzert das frühsommerliche Sonnenlicht auf dem Körbersee.

In der Stille liegt die Kraft

In den Bergen muss es nicht immer hektisch zugehen. Gerade im Frühling, wenn die betriebsame Zeit des Winters mitsamt dem Après-Ski-Lärm vorbei und der Besucheransturm der Sommermonate noch ein Stück weit entfernt ist, macht es Spaß, die Berge auch mal ganz ruhig zu genießen.

Die Wanderroute vom Hochkrumbach zum Körbersee bietet mit ihren gut zwei Stunden Gehzeit solche Momente der Stille. Kinderwagen- und seniorenfreundlich führt der idyllische Weg in Richtung Südwesten vorbei am Alpengasthof Adler und dem Kalbelesee. Das Ziel der Wanderung, der etwa 1600 m hoch gelegene Körbersee, ist nur zu Fuß erreichbar – störender Motorenlärm ist so hoch droben also ausgeschlossen. Fast geräuschlos kann man aber mit dem Ruderboot über den See gleiten. Fernab von Touristenströmen zeigt die Natur hier ihre wahre Schönheit.

Wenige Meter vom Ufer des Sees entfernt, liegt das Hotel Körbersee, von dessen Terrasse bei Kaffee und Kuchen ein traumhafter Blick auf die imposante Barualspitze für die Mühe lohnt, bevor es auf demselben Weg wieder zurück nach Hochkrumbach geht.

KARTE ▶ E3

Was: Wanderung von Hochkrumbach zum Körbersee und zurück
Wo: A-6767 Hochkrumbach
Wann: Frühjahr–Herbst

Essen & Trinken: Alpengasthof Adler, Berghotel Körbersee
Sonstiges: Wer die Ruhe des Sees auch über Nacht genießen möchte, dem sei das Hotel Körbersee emp-

fohlen: Das Gepäck wird ab Schröcken/Kirche mit einer Materialseilbahn befördert, die Gäste wandern ca. 40 Min. ab dem Hochtannbergpass zu Fuß.
Web: www.koerbersee.at

Mit Sicherheit in den tiefen Schnee

Schnee ohne Ende – mit diesem Attribut werben viele Skiorte. Warth-Schröcken am Arlberg, das geografisch letzte Skigebiet im Bregenzerwald und nur einen Katzensprung von Lech entfernt, darf zu Recht mit seinem Schneereichtum werben. Die Staulage am Arlberg sorgt für tonnenweise Weiß auf den 68 Pistenkilometern und vor allem auch auf den Hängen rundherum, die mit Skirouten oder auf eigene Faust erkundet werden können. Weil sich am Hochtannberg viele Skifahrer als Freerider im Gelände bewegen, bietet Warth-Schröcken Workshops für Snowboarder und Variantenskifahrer an. Sie befassen sich speziell mit Fragen rund um die Sicherheit im Gelände abseits der Pisten. Wie lese ich einen Lawinenlagebericht, und wie sind Gelände und Wetter richtig einzuschätzen? Aber bei aller Ernsthaftigkeit – der Skispaß kommt garantiert nicht zu kurz. Das Gelände ist hochalpin, die Anforderungen genügen allen Ansprüchen.

Gute Aussichten: Besucher erreichen das Gebiet über den Hochtannbergpass.

KARTE ▶ E3

Was: Skigebiet Warth-Schröcken
Wo: Am Ende des Hochtannbergpasses im Bregenzerwald
Wann: Dez.–April
Tipp: Eine Zeitmessungsanlage steht beim Sonnencruiser an einer 650 m langen Riesentorlaufstrecke. Nicht weit davon ist auch das Kinder-Märchenland.
Und sonst? Wer vom Skifahren genug hat, kann auf Schneeschuhe umsteigen und wandern. Es gibt viele Verleihstationen.
Essen & Trinken: Spezialität: Käsknöpfle
Web: www.warth-schroecken.com

Keineswegs am seidenen Faden, sondern am Stahlseil hängen die Flying-Fox-Fahrer.

Grenzen fliegend überwinden

Der schnellste Weg von Vorarlberg ins benachbarte Tirol und wieder zurück ist ohne Zweifel die Flying-Fox-Bahn in Warth. Mit Helm, Sitz- und Brustgurt sowie Sicherheitsschlinge geht es risikolos, aber mit Karacho an einer über 200 m langen Seilrutsche hinab ins Tal. Die erste grenzüberschreitende Flying-Fox-Anlage der Welt ist sicher nichts für Angsthasen – dafür aber eines der aufregendsten Fortbewegungsmittel der Region.

Kinder, Jugendliche, Familien und alle, die ihre Höhentauglichkeit überprüfen wollen, sind im Abenteuerpark Schröcken an der richtigen Adresse. Natürlich bestens gesichert, geht es für alle Kletterer ab sechs Jahren auf 33 Parcours an Seilen und auf allerlei luftigen Holzkonstruktionen direkt über dem tosenden Wildbach Bregenzerach von Fels zu Fels.

Erfahrene Bergsportler profitieren von zahlreichen weiteren Outdoor-Angeboten in Warth-Schröcken, darunter Canyoning-Touren, bei denen sich trittfeste Abenteurer u. a. entlang eines Wildwasserfalls in die Tiefe abseilen können, oder Rafting und Kajakfahren.

KARTE ▶ E3

Was: Flying-Fox-Bahn, Abenteuerpark, Canyoning, Rafting, Kajakfahren
Wo: Flying-Fox-Bahn, Outdoorpoint, Haus Alpin 56, A-6767 Warth, Tel. 00 43/(0)6 60/2 14 92 07; Abenteuerpark Schröcken, Heimboden 104, A-6888 Schröcken, Tel. 00 43/(0)6 64/7 57 55 00 **Wann:** Abenteuerpark Schröcken: Mai–Okt. So, Di, Do 10–17, letzter Einstieg 14.30 Uhr
Web: www.warth-schroecken.com, www.outdoorpoint-warth.com, www.alpinschule-schroecken.at, www.canyoningguide.com

Sonne, Freizeit, Bergerlebnis

Geschafft! Als Belohnung wartet am Berg ein Ruhepäuschen mit Fernblick.

Sonne satt – das gibt es in Schnifis. Schon allein deshalb ist der kleine Ort hoch oben im Walgau weit mehr als nur ein Eingangstor zum Großen Walsertal. Viele Wanderer, die auf der Sonnenseite gehen wollen, kommen dort hinauf, und so mancher packt einen der leckeren Bergkäse aus der Sennerei am Ort in den Rucksack. Wer will, nimmt die Seilbahn »Schnifner Bahnle«, die ihre Passagiere von 650 auf 1350 m hinaufbringt. Dort ist der Einstieg in herrliche Touren zum Hochgerach und zum Walserkamm.

Auch für Flugsportler ist Schnifis ein Magnet. Paraglider und Deltaflieger treffen sich oben auf dem Schnifisberg, um von dort aus durch die Lüfte zu segeln. Jene, die den Umgang mit Gerät und Aufwinden erst kennenlernen wollen, treffen sich bei der Flugschule, wo es auch Schnupperkurse für Neugierige gibt. Wenn einen der Kitzel überhaupt nicht packt, dann ist In-Ruhe-Zuschauen angesagt. Oder man zieht das Mountainbike hervor und tobt sich auf dem Mountainbikenetz Walgau Sonnenseite aus.

KARTE ▶ B4

Was: Wandern und Paragliden in Schnifis
Wo: Sennerei Schnifis, Jagdbergstr. 84, A-6822 Schnifis, Tel. 00 43/(0) 55 24/ 25 88, Mo–Sa 8–12 und 17–18.30 Uhr;

So und feiertags 9–11 und 17–18.30 Uhr
Wann: Frühjahr–Herbst
Essen & Trinken: An den Wander- und Radwegen gibt es zahlreiche Einkehrmöglich

keiten in Wirtschaften und Alpen.
Web:
www.schnifis.at,
www.fca.at,
www.sennerei-schnifis.at,
www.vorarlberg.travel

der grüne ring · versteckte plätze und rätselhafte wesen

Genießen Sie diese dreitägige Etappenwanderung über Bergkämme, durch Talsenken vorbei an Bergseen und Flüssen mit Wasserfällen rund um Lech Zürs am Arlberg.

Die Natur genießen und sich von außergewöhnlichen Installationen ebenso bezaubern lassen wie von den Geschichten, die eigens dafür entstanden sind.

Eine literarische Wanderkarte führt durch bisher unbekannte, anregende und unterhaltsame Gebiete, die man mit freiem Auge nur schwer zu erkennen vermag.

Neugierig? www.dergruenering.at

detailinformationen, angebote und reservierungen: lech zürs tourismus gmbh, a·6764 lech am arlberg
tel: +43 (0)5583 2161·0, fax: +43 (0)5583 3155; info@lech-zuers.at; www.lech-zuers.at;

Naturerlebnis in der Biosphäre

Als die UNESCO ihr Programm »Man and Biosphere« zum Erhalt schützenswerter Lebensräume startete, hatten die Zuständigen vermutlich Gegenden wie das Große Walsertal vor Augen. Und so verwundert es auch nicht, dass diese Region seit dem Jahr 2000 nun in einer Reihe mit Naturgrößen wie den Rocky Mountains oder der Serengeti stehen darf.

Dass die Region des Weiteren als eine von derzeit nur 17 Gemeinden vom Österreichischen Alpenverein

KARTE ▶ C3/4

Was: Biosphärenpark Großes Walsertal mit Alpbussen, KlangraumStein., Seewaldsee, Propstei St. Gerold, Heimatmuseum und vielem mehr
Wo: Verein Großes Walsertal Tourismus, Jagdbergstr. 272, A-6721 Thüringerberg, Tel. 00 43/(0)55 54/51 50; Information zum Seewaldsee-Bummelzug unter: Tel. 00 43/(0)55 54/52 88;

Propstei St. Gerold, A-6722 St. Gerold, Tel. 00 43/ (0)55 50/21 21
Wann: Aktuelle Alpbus-Fahrpläne vor Ort; der Seewaldsee-Bummelzug fährt von Juni–Anfang

als Bergsteigerdorf ausgezeichnet ist, passt ins Bild: Hier gibt es reichlich Natur fernab der Touristenströme, hier gibt es 230 km markierte Wanderwege für Spaziergänge, Wanderungen und Bergtouren, 47 bewirtschaftete Alpen mit 22 Sennereien. Die Menschen hier meinen es ernst, wenn es um ihren Lebensraum geht.

Die sechs Ferienorte des Großen Walsertals stehen für traditionsbewussten und familienfreundlichen Urlaub. So gibt es bei den Walsern etwa den Alpbus, der Familien mit Kindern oder auch ältere Menschen direkt an die bis zu 1700 m hoch gelegenen Alpen fährt und damit vielen einen Besuch ermöglicht, die sonst im Tal bleiben müssten.

Mit den Ohren genießen können Besucher jeden Alters eine Wanderung entlang der Akkustikinstallation »KlangraumStein.«. Die künstlerische Gestaltung des Wegs von Sonntag zur Echowand an der Wandfluh lädt an mehreren Stationen zur Auseinandersetzung mit dem Thema Klang und Natur ein. Im Sommer zieht's viele zum Seewaldsee, der verträumt auf 1200 m Höhe liegt und einer der höchstgelegenen Badeseen der Alpen ist. Eine Bummelbahn bringt Badelustige in 15 Minuten von der Station Fontanella/Säge zu See, Grillstelle und Spielplatz.

Wer es sieht, will es bewahren: Auch die UNESCO schützt das Große Walsertal.

Sept. tgl.; Veranstaltungsangebot der Propstei St. Gerold im Internet **Sonstiges:** Unter dem Titel »BERGaktiv« kann man sich in Gruppen oder auch alleine mit Wanderführrern aus der Region auf den Weg machen. Wanderungen führen z. T. abseits ausgetretener Pfade und helfen Touristen, die Welt mit den Augen eines Einheimischen zu sehen. Für Gäste aus »BERGaktiv«-Mitgliedsbetrieben ist das Wanderangebot kostenlos. **Web:** www.walsertal.at/biosphaerenpark, www.berge-erleben.at, www.propstei-stgerold.at

Aktiv im Großen Walsertal

Berg und Sport – diese beiden Begriffe gehören für viele eng zusammen. Seit einigen Jahrzehnten fordern die Gesteinsriesen immer mehr Sportler aller Art heraus, sich an ihnen zu versuchen, sie zu bezwingen, sich an ihnen auszutoben. Dabei sind es – wie hier im Großen Walsertal – natürlich zumeist das Bergsteigen und Klettern, das die Menschen am Bergsport fasziniert. In den vergangenen Jahren haben sich aber auch zahlreiche andere Sommer- und Wintersportarten in dem weltbekannten und nach wie vor sehr idyllischen Tal etabliert.

Mit seinen insgesamt 15 Pistenkilometern zählt das Skigebiet Faschina am Ende des Großen Walsertals eher zu den Kleinen. Dafür hat das Nachbarskigebiet zu Damüls aber an Schneesicherheit und -qualität sowie an Abfahrten unterschiedlicher Schwierigkeitsgrade viel zu bieten. Faschina eignet sich wegen seiner Übersichtlichkeit besonders für einen Familienskitag. Skigebiete gibt es außerdem in

> Im Großen Walsertal werden auch organisierte Aktivurlaube angeboten, vom Familienabenteuer mit Lagerfeuerromantik bis zur Schneeschuhwoche.

Sonntag und Raggal. Weitere Wintersportmöglichkeiten im Großen Walsertal sind Schneeschuh- und Winterwandern, Rodeln, Langlaufen und Tourengehen. Die ganz Kleinen von zwei bis vier Jahren können tagsüber in der Kinderbetreuung in Faschina bei einer Skilehrerin in Obhut gegeben werden.

Auch ohne Schnee geht es im traditionsreichen Tal sportlich zu: Sommer-Tubing heißt der Spaß, der an der Seeselbahn Staffelalpe bei Faschina zu finden ist: In luftgefüllten Reifen, sogenannten Tubs, werden Rutschbegeisterte ab fünf Jahren zuerst per Förderband auf den Berg gezogen, um danach mit bis zu 20 km/h ins Tal zu sausen. Wem das zu schnell ist, dem sei empfohlen, von der Mittelstation der Sesselbahn aus den Weg zu Gipfelstation zu Fuß zu wählen, um dort auf dem Blumen-Wander-Lehrpfad die einzigartige Natur zu genießen.

Bei gut trainierten Fahrradfahrern ist das Gebiet ebenfalls bekannt und beliebt. Ob als Mountainbiker oder in Tour-de-France-Manier mit

KARTE ▶ C3

Was: Winter- und Sommersport im Großen Walsertal
Wo: Skigebiet, Sommer-Tubing-Bahn und Blumen-Wander-Lehrpfad an der Seilbahn Faschina, Info Tel. 00 43/(0)55 10/7 05

Wann: Aktuelle Fahrzeiten der Seilbahnen Faschina im Internet
Weitere Ziele: Klettergarten an der Wandfluh: mittelschwerer Klettergarten in Sonntag-Stein. Kletter-

höhe 60 m, Ausrüstung ist selbst mitzubringen!
Essen & Trinken: In Sonntag: Alpengasthaus Bad Rothenbrunnen, Almwirtschaft Breithornhütte. In Raggal befindet sich die

dem Rennrad auf den Pässen in der Region – allen voran dem Furkajoch und dem Faschinajoch – kann man viele Kilometer in schöner Landschaft hinter sich lassen.

Und nicht nur schroffe Felswände wollen erklommen werden, auch der Klettergarten an der Wandfluh in Sonntag-Steinbild bietet Möglichkeiten seine Geschicklichkeit zu trainieren – oder auch für die große Tour zu üben. Für manche mag die Vorstellung vom Reiten eher in die flache Prärie gehören, doch auch in den Bergen fühlen sich Pferde durchaus wohl. Wer im Schatten hoher Gipfel einen Reitkurs belegen will, ist im Großen Walsertal genau richtig.

Eine Schneeschuhtour ins unberührte Weiß garantiert absolute Ruhe.

Jausenstation Berghof von Ilse Domig, in Fontanella die Franz-Josef-Hütte sowie das Seestüble. **Sonstiges:** Aus dem Großen Walsertal darf man nicht abreisen, ohne eine Spezialität mitzunehmen. Ein guter Platz dafür ist die Bio-Sennerei in Marul, Tel. 00 43/(0)55 53/6 71 oder 3 55. Wer seinen Urlaub auf Almhütten verbringt, kann sich Einkäufe ab 145 € zustellen lassen. Tel. 00 43/(0)55 54/52 44 Web: www.walsertal.at, www.skidorf.info, www.seilbahnen-faschina.at, www.thomas-schaefer.at

Alles ist ein bisschen edel

Gekrönte Häupter tun es, Stars des Showbusiness tun es, und Lieschen Müller tut es auch: Skifahren im traditionsreichen Skigebiet rund um Lech. Sie alle kommen, weil auf den kilometerlangen Pisten der Skispaß garantiert ist und die Aussicht auf die fast 3000 m hohen Berge rundherum grandios ist. Hier in Lech Zürs ist alles ein bisschen edel und sehr vieles ist sehr traditionell, dabei zählt Lech Zürs zu den Vorreitern: In diesem Skigebiet stand der erste Schlepplift, und von hier aus trat die Sitzheizung in den Sesselliften ihren Siegeszug durch die Skigebiete an. Und hier gibt es nunmehr seit über 50 Jahren einen Rundkurs von 22 km Länge, der von geübten Skifahrern in wenigen Stunden, von anderen aber in einem Tag abgefahren werden kann. Der »Weiße Ring« ist legendär, und das zu Recht.

An welcher Stelle man einsteigt, ist letztlich egal. Traditionell jedoch beginnt die Tour in Lech am Rüfikopf. Von der Bergstation aus wandert der Blick zurück auf das atemberaubende Panorama der gegenüberliegenden Berge, über deren Pisten man später fahren

---

KARTE ▶ E4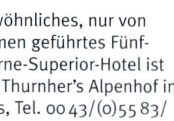

Schöner als am Gipfel fasziniert das Alpenpanorama nirgends.

wird, um die Tour in Lech wieder zu beenden. Vom Rüfikopf geht die Fahrt über angenehme rote und blaue Pisten an Schüttboden und Hexenboden vorbei nach Zürs. Von dort führt die Route hinauf zum Zürsersee. Wer Lust hat, macht noch einen Abstecher, steigt hoch zum Muggengrat und gelangt übers Täli noch einmal nach Zürs. Ansonsten fährt man gleich hinunter ins Madloch. Die Piste ist in der Regel als Skitourenroute ausgewiesen, aber doch meist gewalzt. Rund 5 km weit führt die Strecke dann nach Zug. Den höchsten Punkt erreicht der »Weiße Ring« wenig später am Zuger Hochlicht, einem weiteren traumhaften Aussichtspunkt. Von dort aus heißt es, über das Kriegerhorn nach Oberlech und Lech zurückkehren. Am Ende der Runde könnten an einem sonnigen Tag Kaffee und Topfenstrudel auf einer der Terrassen in Lech folgen. Wem nach der Pause die Lust vergangen ist, wieder auf die Bretter zu steigen, der kann – das nötige Kleingeld vorausgesetzt – im Dorf auch sehr gut shoppen, allen voran im legendären Sportgeschäft Strolz. Zürs ist zwar der kleinere Ort, allerdings hat die Perle am Flexenpass mindestens so viel Schönes wie Lech oder Oberlech. Ein Beispiel: Der Ochsenboden, den man über die Trittkopfbahn erreicht. Fürs Skifahren allein ist Lech Zürs aber fast zu schade – ein kulinarischer Streifzug lässt sich durch die zahlreichen Haubenrestaurants entlang der Piste und in den Dörfern machen. Und noch ein Tipp: Wer nicht alleine fahren möchte, ist bei geführten Touren mit geprüften Ski- und Bergführern gut aufgehoben.

> Am Arlberg finden Tiefschneefahrer traumhafte Bedingungen. Fast unendlich ist die Zahl der Hänge, an denen sie ihre Schwünge setzen.

Von Meeresböden und Fabelwesen

Weite Korallenriffe, Muscheln und riesige Meeresschnecken sind etwas, das man nicht unbedingt in einer von Berg- und Wintersport geprägten Region erwarten würde. Weil aber vor 200 Mio. Jahren einiges anders war als heute, lassen sich auch solche Kuriositäten erklären. Damals, in grauer Vorzeit, herrschte dort, wo heute Vorarlberg liegt, tropisches Klima. Und was heute Hunderte und Tausende Meter in die Höhe ragt, lag damals noch flach auf dem Meeresgrund verborgen.

Auf eine Entdeckungsreise in die geologische Geschichte der Region lädt der neu angelegte Geoweg Rüfikopf in Lech Zürs ein. Besucher können hier die verschiedensten urzeitlichen Meeresbewohner als Versteinerungen bestaunen und die Faltung von Platten, aus denen letztendlich unsere heutigen Alpen hervorgingen, anhand von Spuren im Gestein nachvollziehen. Dazu gibt es – alles andere als tropisch – eine wunderschöne Aussicht auf die Umgebung und viele seltene Bergpflanzen, die es im Urmeer wohl schwergehabt hätten.

Mit seinen etwa 2,5 Stunden Gehzeit ist der Rundwanderweg auch für Familien interessant – Tritt-

Hochgebirgstouren und Almidylle:
Der Rüfikopf bietet für jeden etwas.

sicherheit ist dafür jedoch unbedingt erforderlich.

Weniger historisch korrekt, dafür aber geheimnisvoll, urig und oft auch verblüffend ist eine andere Wanderroute in der Sommer-Urlaubsregion Lech Zürs: Der »Grüne Ring«, eine Wanderung auf den Spuren des gleichnamigen literarischen Führers der Schriftstellerin Daniela Egger. Wer sich für das Rätselhafte und Außergewöhnliche interessiert, bekommt

> Tandemflüge mit dem Paraglider dauern zwischen 1,5 und 2,5 Stunden – genug Zeit, um mögliche Ängste zu vergessen.

hier eine Welt von alten Sagengestalten und eigens entstandenen modernen Erzählungen präsentiert, die in einzigartiger Weise durch die Bergwelt führen. Außer festem Schuhwerk sind auf der dreitägigen Etappenwanderung vor allem Fantasie und Einfühlungsvermögen gefragt, wenn geografische Namen eine ganz neue Bedeutung erhalten oder zwischen den Bäumen das ein oder andere Fabelwesen hindurchlugt.

KARTE ▶ E4

Was: Wanderrouten Geoweg Rüfikopf und »Der Grüne Ring«
Wo: Lech Zürs Tourismus GmbH, Dorf 2, A-6764 Lech am Arlberg, Tel. 0043/(0)5583/2 16 10

Wann: Fahrten Rüfikopfbahn: im Sommer von 8.30–17.30 Uhr im Halbstundentakt
Weitere Ziele: Der 2350 m hoch gelegene Rüfikopf ist Ausgangspunkt für viele

weitere Klettertouren und Wanderungen. Auch Paragliden ist hier möglich.
Web: www.lech-zuers.at, www.dergruenering.at

Das Haus der Bewegung

Draußen regnet es in Strömen? Es liegt dichter Nebel auf der Skipiste? Kein Problem, denn es gibt in Vorarlberg viele Möglichkeiten, den Launen der Natur zu trotzen. Ein passendes Alternativprogramm für alle, die nicht stillhalten können, ist der Sportpark Lech: ein hochmodernes Zentrum, bei dem schon die geradlinige Architektur verrät, worum es geht: Sport, Fitness und Erholung auf hohem Niveau – ein Haus der Bewegung eben. Das Angebot reicht vom Fitnesscenter und Aerobic über Indoor-Cycling und Tennis bis hin zu einer eigenen Kletterhalle. Damit dabei Spaß und Geselligkeit nicht zu kurz kommen, dürfen Bowling, Billard, Dart, WLAN zum Surfen und Live-Sportübertragungen auf einem Flatscreen nicht fehlen.

Wenn sich der Nebel in den Bergen wieder verzogen hat, können Familien mit Kindern Sport auch aus einer ganz anderen Perspektive erleben: Im Familienpark Buxbaum in Lech (der übrigens nur geöffnet hat, wenn es nicht regnet) dreht sich alles um Freizeitaktivitäten, die Eltern mit ihren Kindern ausüben können. Hier gibt es u. a. Minigolf, Hindernisbillard, Tischtennis – alles bei Bedarf auch mit Flutlicht – sowie ein Baby- und Kleinkinderparadies.

Wenn die Kugeln rollen, steigt die Spannung auf den vier Bowling-Bahnen.

KARTE ▶ E4

Was: sport.park.lech, Familienpark Buxbaum und Waldschwimmbad Lech
Wo: Lech Zürs Tourismus GmbH, Dorf 2, A-6764 Lech am Arlberg, Tel. 00 43/(0)55 83/2 16 10

Wann: Aktuelle Öffnungszeiten des sport.park.lech auf der Internetseite. Der Familienpark Buxbaum ist von Juni–Sept. von 14–20 Uhr geöffnet.
Essen & Trinken: Café des

sport.park.lech; Buxi's Grillstüble im Familienpark
Web: www.sport-park-lech.at, www.lech-zuers.at

Ein Hauch von Caracalla-Therme: Säulen, Terrakotta und rustikale »Mauerreste«.

Wellness in Perfektion

Ab und an muss man sich vom Skifahren erholen, manchmal regnet es auch in der schönsten Ferienregion, und Baden, Planschen und Saunieren sind auch ganz ohne triftigen Grund eine tolle Sache. Deshalb bietet die Gemeinde Pettneu, gleich über Arlberg in Richtung Landeck gelegen, mit dem Wellnesspark eines der größten und vielseitigsten Erholungsbäder der Alpenregion rund um den Arlberg. Neben dem Hallenbad mit seinen 350 qm Wasserfläche und einem Kinderbecken begeistert v. a. der Wellnessbereich des Parks: Ein Sanarium, das ganz im Stil einer Tiroler Stube getäfelt ist, eine Crash-Eis-Grotte, in der man sich nach dem Besuch der finnischen Sauna abkühlen kann, oder eine Erlebnisdusche versprechen tiefste Entspannung.

Für den Fall, dass der eine oder andere Besucher bei so viel Ruhe und Erholung wieder neuen Tatendrang verspürt, finden sich direkt neben dem Bad ein Kinderspielplatz, ein Kunstrasen-Fußballplatz und im Winter eine Langlaufloipe.

KARTE ▶ E4

Was: Wellnesspark Arlberg Stanzertal
Wo: Wellnesspark Pettneu am Arlberg, Pettneu am Arlberg 235 c, A-6574 Pettneu, Tel. 00 43/ (0)54 48/ 2 22 76; vom

Ortszentrum Pettnau sind es nur knapp 10 Min. Gehzeit zum Park, Busfahrer nutzen die Skibushaltestelle direkt am Parkplatz. **Wann:** Tgl. geöffnet von 10–21 Uhr, aktuelle

Änderungen im Internet **Essen & Trinken:** Restaurant, Bar, Café und Bistro im Bad **Web:** www.wellnesspark-arlberg.at

Zwischen moderner Kunst und Wiederkäuern

Extremsportarten, wie sie rund um den Arlberg ausgeübt werden können, rufen auch die Filmleute auf den Plan. Inzwischen gibt es eine große Szene, die waghalsige Skifahrten ebenso begleitet wie atemberaubende Klettertouren oder Paraglider im Himalaja. In St. Anton kommen die Filmer im August zusammen und zeigen an fünf Tagen beim »St. Anton am Arlberg Film

Festival« ihre spannenden Dokumentationen über Berge, Menschen und Abenteuer. Aber es geht auch ruhiger: Im Juni und Juli gibt es die Arlberger Kulturtage. Eingeladen sind dann eine ganze Reihe von Künstlern, die sich an Ort und Stelle Gedanken über ein vorgegebenes Thema der Region machen. Gearbeitet wird in aller Öffentlichkeit, sodass jedermann die Entstehung der Kunstwerke neugierig, aber auch kritisch begleiten kann. Das Motto »Weiß wie Schnee« stand bereits ebenso im Mittelpunkt künstlerischen Schaffens wie »A wie Arlberg«. »Wer A sagt, muss auch B sagen«, hieß es, als Visionen für die Zukunft gefragt waren. Und dennoch, auch wo es so viel Modernes gibt, spielt die Musik immer noch volkstümlich. Den Sommer über gibt es Kirch- und Almfeste, den Arlberger Tag der Volksmusik und schließlich den Almabtrieb samt Bauernfest. Und wer im Sommer wissen will, wie sich das Skifahren am Arlberg entwickelt hat, der kann bei Regen im Museum vorbeischauen.

Hätte den Blumenschmuck lieber im Maul als auf dem Kopf: Rind beim Almabtrieb.

KARTE ▶ E4

Was: Kultur in St. Anton
Wo: Die meisten Veranstaltungen finden in St. Anton am Arlberg statt.
Wann: Kulturtage Juli–Aug.
Essen & Trinken: Abendessen im legendären Hotel Post in St. Anton; ein kleines Hotel mit gutem Service ist das Armlont, zum Feiern in den Moserwirt. Wo früher Pilger und Wanderer einkehrten, gibt es heute im Hotel Arlberg Hospiz in St. Christoph Unterkunft und Verpflegung auf sehr hohem Niveau.
Web: www.stantonam arlberg.com,
www.arlberghospiz.at

Seil und Haken

Wer bereit ist, Vorarlberg während eines längeren Aufenthaltes auch einmal kurz zu verlassen, findet gleich hinterm Arlbergpass herrliche Klettermöglichkeiten. Neben den mehr als 100 Kletter- und Boulderrouten im Sport- und Kletterzentrum arl.rock bieten auch die Gipfel des Skigebiets im Sommer vielfältige Klettermöglichkeiten. Anziehungspunkt für gut trainierte und dabei schwindelfreie Bergfexe ist der Arlberger Klettersteig, der zu den schwierigsten und schönsten im Alpenraum zählt. Ebenfalls ein Klassiker: die Schnanner Klamm mit 42 Routen und einer Strecke von bis zu drei Seillängen in den Schwierigkeitsgraden drei bis neun. Sportkletterer freuen sich zudem über die Herausforderungen im solide abgesicherten Gneis-Klettergebiet rund um die Darmstädter Hütte und um die mächtige Kuchenspitze (3148 m). Hier befinden sich sieben Klettergärten mit

Wer hoch hinaus will, sollte das nur angeseilt versuchen.

insgesamt rund 70 Routen in unmittelbarer Nähe der DAV-Hütte. Gesichert und dem Boden nahe, aber nicht weniger abenteuerlich ist der Hoch- und Niederseilgarten mit 16 beziehungsweise acht Stationen in St. Anton am Arlberg. Wen das Kletterfieber gepackt hat, der kann nach Vorarlberg zurückkehren. Dort – z. B. in Gargellen oder nahe der Lindauer Hütte – finden sich spektakuläre Klettergärten.

KARTE ▶ E4

Was: Klettern am Arlberg
Wo: A-6580 St. Anton am Arlberg, Informationstel. 00 43/(0)54 46/2 26 90
Wann: Die Bergbahnen haben auch im Sommer geöffnet und bringen Wanderer bis zu den Klettersteigen.
Essen & Trinken: Unterwegs empfiehlt sich eine Einkehr in der Ulmer Hütte, unterhalb der Valluga auf 2288 m. Die Hütte hat Sommer und Winter geöffnet, Tel. 00 43/(0)54 46/3 02 00 oder unter: www.ulmerhuette.at.
Web: www.stantonamarlberg.com, www.sommer-aktiv.at

Auch Golfbälle wollen nach oben

Golfen in Hanglage will geübt sein. Wenn es dann klappt, kann man nicht mehr genug davon kriegen. Ganz besonders nicht in Vorarlberg und im angrenzenden Tirol, wo es

Noch liegt er auf dem Tee, doch bald geht es hoch hinauf.

traumhafte Golfanlagen mit garantiertem Panoramablick gibt. Am Eingang des Bregenzerwaldes in Riefensberg freuen sich die Betreiber des 18-Loch-Golfparks Bregenzerwald auf auswärtige Gäste. Erste Station entlang der Rheintalautobahn A 14 ist Rankweil, wo im Golfclub Montfort eine 18-Loch-An-

lage angelegt ist. Es folgt entlang des Wegs zum Arlberg der 18-Loch-Golfclub Bludenz-Braz. Der erste echte Berg-Golfplatz befindet sich dann im Brandnertal. Auf 1000 m Höhe warten natürliche Hindernisse, ein rauschender Bergbach, flache Fairways und aufgrund der Höhe angenehm kühle Temperaturen auf Golfer aus aller Welt. Selbiges gilt für die beiden Neun-Loch-Anlagen in den Golfclubs Montafon (Schruns) und Silvretta (Partenen). Im angrenzenden Tirol gibt es im Szenedorf St. Anton einen Sechs-Loch-Platz – beheimatet im Ortsteil Nasserein. Die Fairways und Greens gelten aufgrund der Berglage als schwierig. Schon beim zweiten Abschlag sind 100 Höhenmeter zu überwinden, und zwei der sechs Fairways führen steil bergauf. Alle Plätze sind mit Tageskarte bespielbar, auf Wunsch gibt es Trainerstunden, Platzreifekurse, Kindernachmittage und Leihausrüstung.

KARTE ▶ B4

Was: Golfen in verschiedenen Ferienregionen
Wo: Golfclub Bludenz-Braz: Tel. 00 43/(0)55 52/3 35 03; Naturpark Golfclub Brand: Tel. 00 43/(0)55 59/4 50; Golf-Park Bregenzerwald: Tel. 00 43/(0)55 13/84 00-0; Golfclub Rankweil: 00 43/(0)55 22/7 20 00; Golfclub Montafon: Tel. 00 43/(0)55 56/7 70 11, Golfclub Silvretta: Tel. 00 43/(0)55 58/81 00; Golf-club St. Anton am Arlberg: Tel. 00 43/(0)54 46/21 03
Web: www.golfvorarlberg.at, www.stantonamarlberg.com

Kraft und Käse

Vor mehr als 2000 Jahren hat die Tschengla bereits Menschen in ihren Bann gezogen. Auf dem 1250 m hoch gelegenen Plateau oberhalb von Bürserberg im Brandnertal gibt es noch heute Zeichen keltischer Kraftplätze. Wenn auch viel Spekulation und Glaube dabei ist, so gibt es doch viele, die angesichts der wiederaufgebauten Steinformationen Kraft fürs Leben tanken. Heute ist die Tschengla noch immer ein ruhiger, mystisch-schöner Ort – sommers wie winters finden Erholungsbedürftige hier viel Natur oberhalb des belebten Tals. Gehbehinderte- und kinderwagenfreundliche Wanderwege im Sommer sowie eine der schönsten Loipen Österreichs im Winter warten auf Bewegungswillige. Während der Alpsaison gibt es in der Alpe Rona, wo noch immer hand- und mundgekäst wird, ein Schaukäsen.

Voller Einsatz beim Hand- und Mundkäsen.

KARTE ▶ B4

Was: Besuch auf dem Hochplateau Tschengla zum Wandern, Langlaufen und Käsereibesichtigung
Wo: Tschengla und Brandnertal
Wann: Ganzjährig; Schaukäsen vormittags, am besten bei der Touristinfo nachfragen oder unter Tel. 00 43/(0)55 52/ 3 29 19; Brandnertal Tourismus, Mühledörfle 40, A-6708 Brand, Tel. 00 43/ (0)55 59/5 55
Essen & Trinken: Bewirtung auf der Alpe Rona während des Alpbetriebs (Juni–Sept.)
Web: www.brandnertal.at, www.bergaktiv.info

Die Stadt am rechten Fleck

Nicht weniger als 19-mal raffte die Pest hier große Teile der Bevölkerung hin. Zudem wurde die Stadt viermal durch Feuersbrünste zerstört. Bludenz, die südlichste Stadt Vorarlbergs, hatte in den vergangenen Jahrhunderten vieles zu erleiden. Und sie hat es überstanden – glücklicherweise, denn von unruhigen Zeiten ist heute nichts mehr zu spüren. Was aus Mittelalter und früher Neuzeit an Architektur geblieben ist, zeigt sich heute am Eingang

> Im Juli lockt das Bludenzer Schokoladenfest unter Mitwirkung der Marke mit der lila Kuh bis zu 30 000 Besucher in die Stadt.

des Montafons von seiner besten Seite. Die historische Altstadt mit der teilweise erhaltenen Stadtbefestigung und der St.-Laurentiuskirche, dem hoch aufragenden Wahrzeichen der Stadt, bestimmt das Bludenzer Ortsbild: kleinstädtisch-verträumt, geschichts- und traditionsbewusst, aber auch modernes Tourismusziel, das sich als Bindeglied zwischen Bodensee und Alpen versteht. Wie einzigartig die Lage der Bergsteiger-Stadt ist, macht der Weg 138 Stufen empor

KARTE ▶ C4

Was: Stadt Bludenz mit Muttersberg
Wo: Bludenz Tourismus, Werdenbergerstr. 42, A-6700 Bludenz, Tel. 00 43/(0)55 52/6 36 21-2 60, Informationen zur

Stadtführung und Stadtmuseum unter -7 90; Klostertal-Museum, A-6752 Wald am Arlberg, Tel. 00 43/(0)55 85/2 44 oder 3 90; Ruine Sonnenberg, Schlossweg, A-6714 Nüzi-

ders
Wann: Stadtführungen Mitte Mai–Ende Okt. jeden Fr 10 Uhr am Rathaus, Dauer ca. 1,5 Std.; der Stadtrundgang kann auch jederzeit selbst mithilfe

Über den Dächern von Bludenz: Liege-
stühle der Bergstation Muttersberg.

zum Turm von St. Laurentius klar:
Von hier aus schweift der Blick
über drei Gebirgsgruppen und fünf
Täler.
Natürlich gehört diese Turmbestei-
gung zu jeder Altstadtführung von
Bludenz. Weitere Stationen dieses
Rundgangs, der im Sommer jeden
Freitag um zehn Uhr am Rathaus
startet, sind das gleich neben der
Kirche gelegene Schloss Gayenho-
fen aus der Mitte des 18. Jahrhunderts und die Laubengänge, die
heute zumeist Cafés und Geschäfte
beherbergen und die zum gemütlichen Bummel in der Altstadt einla-
den. Einkaufen lässt es sich auch
auf dem Gemüse- und Blumen-
markt, der zweimal wöchentlich in
der Fußgängerzone stattfindet, und
bei mehreren Outlet-Shops bekannter Textilmarken.
Wer nach einem Einkaufsbummel
Lust bekommen hat, noch etwas
mehr über die so bewegte Vergan-
genheit von Bludenz zu erfahren,
dem sei das Stadtmuseum im Obe-

ren Stadttor empfohlen. Einen noch
weiteren Bogen spannt das Klostertal-Museum, das sich mit der
Geschichte der gesamten Region
beschäftigt. Es liegt etwa 20 km außerhalb von Bludenz.
Den besten Blick von oben gibt es
von der Bergstation der Mutters-
berg-Bahn aus, wo eine herrliche
Terrasse sowie mehrere kurze Rund-
wanderwege die Fahrt lohnen.

Die Sonnenuhr am Laurentiusturm
funktioniert auch bei Stromausfall.

des Flyers »Historische
Altstadt« (erhältlich bei
der Tourist Information)
und anhand von elf Infota-
feln unternommen wer-
den; Informationen zur
Muttersberg-Seilbahn (zur
Weihnachtszeit und im
Sommer) im Internet.
Sonstiges: Mit der Remise
Bludenz bietet die Stadt
ein Kulturzentrum, das
von Jazz- und Kinderkon-
zerten bis zu Veranstaltungen zur Stadtgeschichte
ein breites Programm
bietet.
Web: www.bludenz.at,
www.bludenz.travel,
www.muttersberg.at,
www.remise-bludenz.at

Auf der Pool-Position

Ein Alpen-Erlebnisbad, ein Fitnesspark, ein Hotel mit 120 Betten, ein Seminar- und Tagungszentrum – beeindruckend sind schon die Eckdaten des Val Blu Resort in Bludenz. Auch die Details können überzeugen: Das Bad hat eine Fläche von fast 2000 qm und bietet von allem ein bisschen mehr: drei Wasserbecken, 85 m Rutschbahn, Panoramasteg, Felsengrotte mit Wasservorhang und Geysir, Baby-Beach oder Wintergarten mit Alpenblick machen das Val Blu zur sicheren Adresse für Badespaß und Erholung.

Für die nötige Fitness sorgt der Sports & Fitness Club, in dem an modernen Geräten mit direktem Alpenblick trainiert werden kann. Hallenfußball auf Kunstrasen, Mountainbike- und Nordic-Walking-Touren sowie ein näher 18-Loch-Golfplatz lassen Gästen nur wenig Zeit, sich auf eines der Designerzimmer des Hotels zurückzuziehen. Erholung ist sowieso im Saunaland und dem Massagestudio viel schöner! Ein Wochenende im Val Blu ist die ideale Lösung für alle, die den Urlaub in den Bergen entspannt angehen möchten.

Wer den Absprung scheut, macht es sich auf dem Startblock gemütlich.

KARTE ▶ C4

Was: VAL BLU Erlebnisbad Bludenz
Wo: Haldenweg 2 a, A-6700 Bludenz, Tel. 00 43/(0)55 52/6 31 06
Wann: Mo 11–21, Di 13–21, Mi–So 9–21 Uhr

Essen & Trinken: Mehrere Möglichkeiten auf der Anlage
Sonstiges: Von Mai–Sept. ist auch das Freibad mit Liegewiese geöffnet. Auch hier gibt es eine Rutschbahn, einen Beach-Volleyballplatz und eine Kletterwand, und natürlich ein beeindruckendes Panorama.
Web: www.valblu.at

Gekonnt in die Kurve legen – eine Frage der Übung und des Einfühlungsvermögens.

Kufen, die die Welt bedeuten

Selbst einmal einen Schlitten mit vier Huskys zu lenken scheint für viele, die noch nicht im Norden oder in den Weiten Kanadas unterwegs waren, ein unerreichbarer Traum zu sein. Das Führen der Tiere und all die geheimnisvollen Pfiffe und Schreie, die ihnen Geschwindigkeit und Richtung angeben, muten für einen Laien wie eine Kunst aus einer anderen Welt an. Die meisten geben sich damit zufrieden, bei Hundeschlittenrennen den flinken Tieren im Schnee hinterherzusehen oder auf dem Gespann eines erfahrenen Führers mitzufahren.

Dass es auch ganz leicht anders geht, zeigen die Husky-Workshops im Brandnertal. Hier darf jeder Gast ab acht Jahren nach einer kurzen Eingewöhnungsphase selbst die Zügel eines Huskyschlittens übernehmen.

Nach einer Wanderung mit den Tieren, auf der die ersten Berührungsängste abgebaut werden sollen, wird im zusammen aufgebauten Lager eine kleine Jause eingenommen. Im Anschluss erhalten die Teilnehmer eine Einführung in die wichtigsten Begrifflichkeiten und – vor allem – in den richtigen Umgang mit den Tieren. Ist alles besprochen und verstanden, hat jeder Teilnehmer selbst die Möglichkeit, eine Runde mit Gespann durch die verschneite Bergwelt zu fahren.

KARTE ▶ C4

Was: Husky-Workshop im Brandnertal
Wo: Anton Kuttner, Quadres 19 a, A-6719 Bludesch/Vorarlberg, Tel. und Fax 00 43/(0)55 50/45 04
Wann: Aktuelle Termine im Internet
Sonstiges: Hier geht es nicht ums Zusehen. Am Beginn des nicht gerade billigen Workshops steht eine Schneeschuhwanderung, bei der jeder Teilnehmer seinen »eigenen« Husky zum Beschnuppern an die Hand bekommt.
Web: www.husky-toni.at

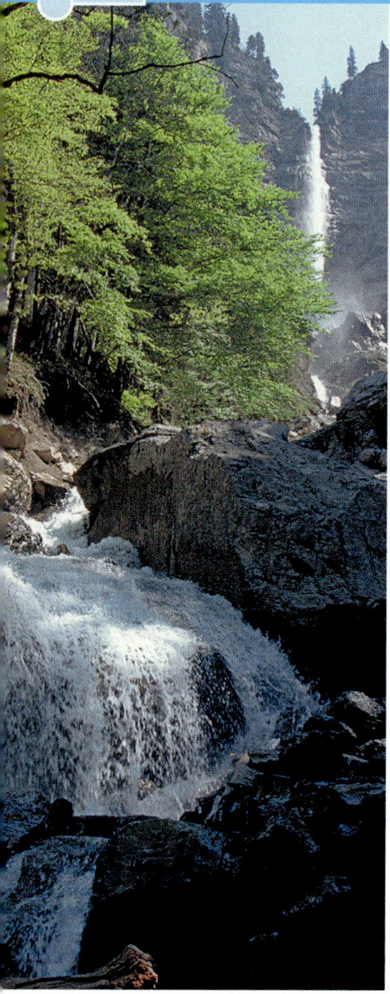

Erlebnis Wasserfall

Was das Wort Naturschauspiel wirklich bedeutet, lässt sich eindrucksvoll am Fallbach bei Dalaas im Klostertal erleben. Über 600 m stürzt das Gewässer über die Fallbachwand in das Tal, in dem die Ferienorte Braz und Dalaas liegen. Ein Schauspiel ist es, dem Fallbach im Sommer zuzusehen, wenn er mit tosender Gewalt in die Tiefe stürzt. Doch mindestens ebenso theatralische Qualitäten hat die Szene, wenn das Wasser im Winter zu einer riesigen Eissäule erstarrt ist, in der sich funkelnd das Sonnenlicht bricht. Dann finden sich immer wieder Mutige, die den Wasserfall mit Seilen und Steigeisen erklimmen. Für all diejenigen, die lieber den Boden unter den Füßen behalten, bietet ein Panoramasteig im Sommer wie im Winter einen sicheren Blick auf die Szenerie.

Etwas kleiner – und auch für Familien zu empfehlen – ist der 80 m hohe Mason-Wasserfall in Braz. Der gut markierte, etwa dreistündige Aufstieg ist auch für Kinder ab sechs Jahren geeignet.

Kühl weht die Gischt aus dem tosenden Mason-Wasserfall zum Betrachter her.

KARTE ▶ D4

Was: Erlebniswanderung am Wasserfall
Wo: Der Fallbach gehört noch zum Gemeindegebiet Dalaas und liegt an der Grenze zur Gemeinde Braz. Der Mason-Wasser-fall liegt im Gemeinde-gebiet Braz.
Klostertal Tourismus, Tel. 00 43/(0)55 85/72 44 oder Alpenregion Bludenz Tourismus, Tel. 00 43/(0)55 52/3 02 27

Wann: Die Wasserfälle sind frei erreichbar. Im Winter schwierig, da der Weg nicht gespurt ist.
Web:
www.klostertal.info,
www.alpenregion.at

Wegstein mit Aussicht: Um den Lünersee fasziniert ein großartiges Bergpanorama.

Gepflegt wandern

Ganz hinten im Brandnertal, nicht weit vom verträumten Hauptort Brand entfernt – im Winter bekannt für das familienfreundliche Skigebiet –, befindet sich am Ende der Lünerseebahn eines der Herzstücke der Vorarlberger Illwerke AG: der Lünersee. Das Energieversorgungsunternehmen Vorarlbergs staute den in natura etwas kleineren Bergsee bereits in den 1920er-Jahren auf, voll lief der Lünersee zum ersten Mal aber erst 1959. Das liegt u. a. daran, dass der Schesaplana-Gletscher, zu dessen Füßen der Stausee, der Rundweg und die Lünerseebahn auf 1979 m Seehöhe liegen, nicht genügend Wasser frei-

gibt. Selbst mit Kinderwagen lässt es sich gemütlich von der Douglass-Hütte neben der Bergstation auf die andere Uferseite wandern, wo man auf einer Alpe frische Sennereiprodukte genießen kann. Vom See aus führen auch hochalpine Wanderungen übers Gafalljoch zur Lindauer Hütte oder über die Mannheimer Hütte zur Schesaplana. Weitere Gipfel sind der Saulakopf oder der Schafgafall. Ein guter Tipp der Einheimischen ist die Kombination der Seeumrundung mit einem Umweg zur Lünerkrinne. Die Wanderung führt direkt durch ein Naturschutzgebiet und dauert ca. 2,5 Stunden.

KARTE ▶ B4

Was: Auffahrt mit der Lünerseebahn zum Lünersee, diverse Wandermöglichkeiten

Wo: Lünerseebahn Brand-Schattenlagant, Tel. 00 43/(0)55 56/7 01-8 04 12,

E-Mail: tourismus@illwerke.at

Wann: Je nach Witterung haben die Hütten von Mai–Okt. geöffnet. Die Bahn läuft von Anfang Juni–Ende Okt. von 8–

17 Uhr (Mittagspause von 12.20–13.10 Uhr).

Essen & Trinken: Douglasshütte, Totalphütte, Alpenvereinshütten

Web: www.brandnertal.at, www.luenerseebahn.at

Tiere, Schluchten und gespannte Bogen

Natürlich ist die Schesaplana, mit 2965 m die höchste Erhebung im Rätikon, die Königin der Berge in der Alpenregion Bludenz. Aber man muss mit der Familie – v. a. mit den Kleinen – nicht immer hoch hinaus, um die Natur erfahren zu können. Im Gegenteil – manchmal empfiehlt sich sogar ein Ausflug tief hinab, wie z. B. in die Bürser Schlucht. Dort lassen sich die Spuren der jüngeren Erdgeschichte seit der letzten Eiszeit vor 10 000 Jahren gut betrachten, denn als die Gletscher zurückwichen, hinterließ der Alvierbach im Laufe der Zeit hier einen tiefen Schottergraben. Vom Gemeindeamt in Bürs aus führt der leichte Weg über große Gesteinsblöcke und Felsspalten dann bis zum Anstieg in Richtung Bürserberg, den man in

25 Minuten erklimmen kann. Sehenswert ist das Kuhloch, eine inzwischen trockene Klamm, sowie eine weite Lärchenwiese, die man gegen Ende des Wegs erreicht. Die leichte Tour, die u. a. über drei Brücken führt, dauert rund zwei Stunden und ist für Familien gut geeig-

Kinder lieben Tiere – im Tierpark Brand kommen sie ihnen so richtig nah.

KARTE ▶ B4

Was: Familien-Erlebnisse im Brandnertal
Wo: Bürs und Brand im Brandnertal, Kontakt: Alpenregion Bludenz Tourismus GmbH, Rathausgasse 12, A-6700 Bludenz,

Tel. 00 43/(0)55 52/3 02 27
Wann: Kletterpark 14. Juli – 15. Aug. (außer 10./ 11. Aug.) Mi–So 10–19 Uhr, 20. Aug.–29. Aug. Fr–So 10–19 Uhr, 3. Sept.– 24. Okt. Fr–So 10–18 Uhr

Essen & Trinken: In Brand gibt es schöne, große, freundliche Hotels, u. a. den Walliserhof oder das Hotel Landhaus Sonne. Weitere Restaurant-Tipps siehe Bludenz/

net. Dass die Natur nicht nur aus Steinen, Bäumen, Wiesen und Gipfeln besteht, sieht man etwas weiter hinten im Tal im liebevoll gestalteten und gut geführten Tiererlebnispark Brand. Direkt beim Kletterpark entführt ein 1,5 km langer Rundweg in das Leben mit Tieren auf dem Bauernhof. Da werden Ziegen, Schafe und Pferde gestreichelt, Hühner beobachtet und Kaninchen auf den Schoß genommen. Zwischendrin gibt es Spieleparcours oder im Anschluss an das Streichelprogramm den Adrenalin-Kick im Kletterpark mit Seilkonstruktionen und Brücken auf einer Länge von 500 m.

Zu heiß? Zu trocken? Kein Problem – denn gleich neben Tiererlebnispfad und Kletterpark lockt der Natur-Badesee im Alvierbad mit einer erfrischenden Abkühlung.

Eine nicht alltägliche Attraktion findet man im Brandnertal in der Bogenwelt Brand. Hier laden verschiedene Parcours Bogenschützen oder Hobby-Robin-Hoods zur »Jagd« auf lebensnah gestaltete Ziele in der Wildnis ein oder in der Reithalle, mit Entfernungen von bis zu 50 m.

Brand-Tipps
Sonstiges: Die Alpenregion lässt sich sehr gut per Mountainbike erfahren. Mountainbike-Verleihstationen: Brand: Alpin Live, Tel. 00 43/(0)66 4/ 3 41 62 43; MuK-Sport, Tel. 00 43/(0)6 64/1 32 75 75; Bürserberg: R-Sport, Tel. 00 43/(0)55 52/6 52 59; in manchen Hotels; Bürs: Radsport Bachmann, Tel. 00 43/(0)5 55/23 35 33.

Die Panoramabahn Brand transportiert Fahrräder!

Web: www.alpenregion.at, www.brandnertal.at, www.bogenwelt.at, www.walliserhof.at, www.romantikhus.at

Himmel auf Erden

Zwischen Brand und Liechtenstein liegt der Nenzinger Himmel. Der Name, der Bilder im Kopf malt, passt zu dem traumhaften Stück Berglandschaft. Wer dem Rummel bekannter großer Tourismusorte entfliehen will, der ist hier oben richtig. Es gibt hier ein Alpengasthaus, ein Café und ein Lädile, also einen kleinen Tante-Emma-Laden, der den Sommer über die Bedürfnisse von Wanderern und Tagesausflüglern stillt. Ansonsten gibt es hier oben Alpwiesen, Wasser, Kühe und Wanderwege für viele verschiedene Ansprüche. Familien können hier auf Rundwegen spazieren gehen. Bergsportler können biken oder tolle Touren zu diversen Gipfeln unternehmen. Der höchste ist die Schesaplana mit 2965 m.

Wer aus dem Tal der Ill in den Nenzinger Himmel kommen will, der muss entweder wandern oder mit dem Bus fahren. Wandern bedeutet, eine vierstündige Tour durch das Gamperdonatal zu unternehmen. Erst Anfang des vergangenen Jahrhunderts hat man einfache kleine Pferdewagen gebaut, die die wenigen Touristen damals den Weg hinaufbrachten. Inzwischen ist er so weit ausgebaut, dass auch VW-Busse die Mautstrecke befahren können.

Der Wanderweg ist reich an Naturdenkmälern, vom überhängenden Felsen bis hin zum kaskadenartig fallenden Gampbachfall. Von der Buder Höhe bietet sich ein einzigartiger Blick in die Schlucht der Meng und in den Walgau. Auf halbem Weg kommt man zum kleinen Wallfahrtskirchlein Kühbruck. Es geht auf das Jahr 1862 zurück, als die Alpe von mehreren Unglücken heimgesucht wurde. Mehrmals

Für Naturfreunde ist die Tier- und Pflanzenwelt ein Anziehungspunkt.

KARTE ▶ A5

Was: Nenzinger Himmel, Mountainbiken, Wandern
Wo: Die Strecke Nenzing–Furkla–Parpfienz–Brand ist bei Mountainbikern sehr beliebt, sie ist für Radfahrer freigegeben. Der Gamperdonaweg, der hinauf zum Nenzinger Himmel führt, ist allerdings für Radler gesperrt. Rundwege gibt es eine ganze Reihe. Auch Familien mit Kinderwagen können in den Nenzinger Himmel kommen.
Wann: Je nach Schneeverhältnissen
Essen & Trinken: Oben im Nenzinger Himmel gibt es den Zwei-Sterne-Gasthof

![Mit vollem Bauch die Idylle genießen – und dabei ein Teil von ihr werden.]

Mit vollem Bauch die Idylle genießen – und dabei ein Teil von ihr werden.

wechselt der Weg die Talseite, er kommt an der Alpe Vals vorbei, auf der Jungvieh weidet. Hat man das »Schwarzbächle« erreicht, dann hat man es auch zum ersten Ortsteil des Nenzinger Himmels, dem Tschöppiser, geschafft. Dort oben befinden sich die ersten Gamperdonahütten, und nicht weit entfernt auf einer Anhöhe ist das Senntum mit den großen Ställen zu sehen. Und dann öffnet sich der Talkessel mit seinem packenden Panorama dem Betrachter.

Bewirtschaftet wird die herrliche Berglandschaft mit ihren blühenden Alpwiesen von der Agrargemeinschaft Nenzing. Die Alpe Gamperdona wird von zwei Familien unterhalten, von denen sich eine um das Vieh kümmert und die andere um den Käse.

Wer hier oben ein paar Tage Ferien verbringen will, der kann beim Wandern ausspannen. Erreichbar sind u. a. Malbun in Liechtenstein oder Brand auf der Vorarlberger Seite der Berge.

Alpengasthof Gamperdona, der mit urigen Zimmern und einem gemütlichen Gastraum lockt. Außerdem gibt es das Café Panüler und den kleinen Laden mit Poststation, Öffnungszeiten Mo–Fr 8.15– 12 und von 13.30–17, sowie Sa 8.15–12 Uhr. Dort ist auch die Taxi-Haltestelle.
Sonstiges: Große Teile des Nenzinger Himmels stehen unter Naturschutz und bieten einzigartige Alpenpflanzen.
Web: www.vorarlberg.com, www.agrar-nenzing.at, www.nenzingerhimmel.at

Gipfelwanderung im Pulvertraum

Es gibt ihn noch – den Schnee von oben, in der Fachsprache auch »Naturschnee« genannt. Wenn andernorts ab November die Pisten längst künstlich beschneit werden, verlässt sich das Skigebiet Sonnenkopf in Wald/Dalaas immer noch auf Frau Holle – und das zu Recht. Denn nirgendwo sonst in Vorarlberg ist es so schneesicher wie in der nördlichen Wolken-Stauzone des Arlbergs. Davon profitieren Skisportler und Winterspaziergänger gleichermaßen. Erstere finden ihr Glück im Skigebiet Sonnenkopf, das mit modernsten Anlagen und geringen Wartezeiten aufwartet, sowie einem verlockenden Freeride-Angebot. Für Winterspaziergänger, die gut zu Fuß sind, ist die zweieinhalbstündige Wanderung auf das Muttjöchle ein Muss. Von der Bergstation der Bergbahnen führt der Weg zunächst vorbei am Skigebiet. Danach führt der gut gepflegte Weg in Richtung Gipfel, wo der Panoramablick auf 2074 m Höhe die Mühe lohnt. Zurück kann es auch mit einem Schlitten bis zur Mittelstation gehen. Auf der 2 km langen Rodelbahn – Schlitten können direkt vor Ort ausgeliehen werden – geht es rasant in Richtung Tal.

Konkurrenz für Frau Holle? Schneeschuhwanderer im Pulverschneevergnügen.

KARTE ▶ D4

Was: Winterwandern, Schlittenfahren und Skifahren am Sonnenkopf im Klostertal
Wo: Klostertaler Bergbahnen (Sonnenkopf), A-6754 Klösterle am Arlberg,

Schneetelefon: 00 43/ (0)55 82/2 92 20
Wann: Dez.–April
Essen & Trinken: Mehrere Restaurants am Berg, Bergrestaurant Sonnenkopf (Neubau 2012) von

8.30–16.30 Uhr geöffnet
Sonstiges: Beste Bedingungen für Tourengeher, Infos Tourismusbüro Tel. 00 43/ (0)55 52/3 02 27
Web: ww.sonnenkopf.com, www.alpenregion.at

Tierisches Vergnügen beim Flößen auf dem Bärensee.

Die Bären sind los

Einst streiften Bären durch die Wälder Vorarlbergs – und das lange bevor sogenannte Problembären für politischen Aufruhr sorgten. Ganz im Zeichen dieser braunen Zottelriesen, die hier einst lebten, steht einer der aufregendsten und zugleich naturnahsten Kinderfreizeitparks Vorarlbergs: das Bärenland Sonnenkopf im Klostertal. Die Gäste erwartet ein liebevoll gestalteter Abenteuerparcours. Insgesamt 36 Stationen bieten im Bärenland die Möglichkeit zum Toben

und Spielen, aber auch zum Erholen und Zuhören. Kinder können auf einer Bären-Wasserwippe ihr Gleichgewicht trainieren oder auf dem Barfußweg ihre Füße von verschiedenen Materialien massieren lassen. Herzstück der Anlage ist der zentral gelegene Bärensee, auf dem junge Besucher Floß fahren können.

Damit auch Mama und Papa auf ihre Kosten kommen, bietet die Gegend rund um das Bärenland vielfältige Wander- und Bikerouten.

KARTE ▶ D4

Was: »Das sagenhafte Bärenland« am Sonnenkopf
Wo: Klostertaler Bergbahnen, A-6754 Klösterle am Arlberg, Tel. 00 43/ (0)55 82/29 20, E-Mail info@sonnenkopf.com

Wann: Juni–Okt. 8.30–16.30 Uhr
Sonstiges: Auf dem angrenzenden Jagd- und Wilderersteig sind heimische Wildtiere als Holzschnitzereien in Original-

größe zu bestaunen.
Essen & Trinken: Panoramarestaurant beim Bärenland
Web: www.sonnenkopf.com/ oo-baerenland/

Bewegende Momente

Angefangen hat am Golm, oberhalb von Vandans und Tschagguns gelegen, alles mit dem Wasser. Weil die Illwerke Transportmöglichkeiten für den Bau und die Wartung ihrer Stauseen und Leitungen benötigten, entstand hier zunächst eine Zahnradbahn, die inzwischen längst einer hochmodernen und komfortablen 8er-Gondel-Umlaufbahn gewichen ist. Entstanden ist dank vieler neuer Attraktionen ein »Bewegungsberg« mit einem anspruchsvollen Skigebiet, der auch im Sommer viel Action bietet und für jede Menge Adrenalinschübe sorgt.

Der Alpine-Coaster ist eine Sommer- und Winterrodelbahn, auf der man in bequemen und gut ausgestatteten Wagen rasant von der Mittelstation am Stausee aus hinab nach Vandans saust. Dank neuer Technologie ist die Bahn nicht wetterabhängig, dem Rodelspaß steht also auch bei schlechter Witterung nichts im Weg. Dasselbe gilt für die beiden idealen Ergänzungen zu diesem kurvigen Erlebnis, die auch in einer Kombi-Card gebucht werden können: Waldseilpark und Flying-Fox. Der 2010 in Betrieb genommene Waldseilpark ist mit elf

Parcours und 79 Kletterstationen der größte Vorarlbergs. Bodennahe Übungen für Kinder und Anfänger, die sich erst an die Höhe gewöhnen müssen, gibt es hier genauso wie schwer zu überwindende Seil- und Leiterkonstruktionen in Baumkronenhöhe, die selbst von geübten Kletterern viel Geschick verlangen. Wer die Runde um den Stausee an der Mittelstation nicht zu Fuß gehen möchte, fliegt kurzerhand über den See. Möglich macht das der Flying-Fox-Golm, ein 565 m langes Stahlseil, an dem Mutige mit bis zu 70 km/h, an einer Rolle sicher befestigt, zurück zum Parkplatz »fliegen« können.

Abgerundet wird das Sommerangebot am Golm natürlich von vielen Wander- und Einkehrmöglichkeiten am und auf dem Berg. Eine schöne alpine Strecke mit tollem Panoramablick ist z. B. die für Familien gut geeignete vierstündige Wanderung von der Golmerbahn über den Latschätzer Weg zur Lindauer Hütte und anschließend weiter zur Ortschaft Latschau.

Eine besondere Herausforderung – am besten zweitägig mit Übernachtung auf der Lindauer Hütte – ist die Besteigung der Sulzfluh (2818 m)

KARTE ▶ C4/5

Was: Bewegungsberg Golm mit Alpine-Coaster, Waldseilpark und Flying-Fox
Wo: Ski- und Wandergebiet Golm, Tschagguns-Vandans, Tel. 00 43/

(0)55 56/7 01-8 31 67
Wann: Wechselnde Öffnungszeiten, am besten telefonisch oder im Internet informieren
Essen & Trinken: Berghof Golm der Familie Tagwer-

cher, gute Küche, schöne Sonnenterrasse mit Liegestühlen, Übernachtungsmöglichkeit; Haus Matschwitz, neben der zweiten Mittelstation der Gondelbahn gelegen, gute

Professionell gesichert in die Röhre gucken – aber ohne Tunnelblick.

über einen der drei dortigen Klettersteige, die in der Szene als schwierig gelten, aber auch als ganz besonderes Erlebnis bezeichnet werden. Von der Lindauer Hütte aus geht man am besten über den Höhlen-Klettersteig auf die Sulzfluh. Er führt direkt durch die Gauablickhöhle. Eine schwere, lange Route führt auf der Schweizer Seite über den Südwand-Klettersteig zum Gipfel.

Ohne schwindelerregende Kletterkünste gelangt man von Golm aus auf der Höhenweg-Wanderung über die Geisspitze zur Lindauer Hütte. Die 6,5 Stunden lange Tour führt über den 2334 m hohen Gipfel.

regionale Küche, Terrasse, Übernachtungsmöglichkeit;. Lindauer Hütte, 1744 m hoch gelegener Ausgangspunkt für anspruchsvollere Touren
Sonstiges: Golmi's Forschungspfad, ein 3,5 km langer Kinder-Forschungspfad, beginnt an der Bergstation Grüneck und bringt den Kleinen an 20 Stationen die Natur näher. Konzipiert ist der Pfad für Kinder ab sechs Jahre.
Web: www.montafon.at, www.berghof-golm.at, www.illwerke-tourismus.at, www.montafon.com/Haus-Matschwitz, www.golm.at

Nordic Walking für Anspruchsvolle

180 km, 28 Strecken, zehn Startpunkte und natürlich zwei Stöcke – Zahlen, die das Herz eines jeden Nordic-Walking-Fans höherschlagen lassen. Schwungvoll und doch mit genügend Zeit zum Genießen von Landschaft und Aussicht geht es durch die beschauliche Bergwelt. Und das besonders gesund, denn: So vielseitig und durchdacht wie hier im Montafon läuft es sich nirgendwo sonst in der Umgebung. Alle Strecken sind in drei Schwierigkeitsgrade unterteilt und bieten ein spezielles Leitsystem zur individuellen Tempo- und Pulskontrolle. So hat jeder Walker die Möglichkeit, sein Training an die persönlichen Bedürfnisse anzupassen.

Angeleitet durch genaueste Angaben über die Länge, Höhenmeter, Bodenbeschaffenheit und den Streckenverlauf, bleibt nur noch eins: Die schönste Strecke heraussuchen und die einzigartige Verbindung von Training und Erholung in der Vorarlberger Bergwelt genießen!

Auf die Stöcke, fertig, los! Im Walkingschritt geht's durch die Montafoner Berge.

KARTE ▶ C5

Was: Nordic Walking in Montafon
Wo: Montafon Tourismus, Montafonerstr. 21, A-6780 Schruns, Tel. 00 43/ (0)55 56/72 25 30
Wann: Diese Sportart ist jahreszeitenunabhängig, im Winter laden die präparierten Skilanglaufstrecken zu einer Walking-Tour ein.
Web: Allgemeine Informationen, Trainingsplan und Broschüre zu den einzelnen Strecken unter www.montafon.at; interaktive Trainings- und Gesundheitsplattform unter www.trainingsszene.at

Nicht die Bergwelt, sondern nur den Ball im Blick – Fußballkids beim Intensivtraining.

Weltmeisterlich Sport treiben

Was haben Hertha BSC, VfB Stuttgart, Lazio Rom oder das spanische Weltmeisterteam gemeinsam? Sie lassen es sich nicht nehmen, ab und an ein Intensivtraining auf den Montafoner Plätzen in Schruns-Tschagguns und Gaschurn-Partenen abzuhalten. Hier auf mittlerer Meereshöhe – das ist schon lange kein Geheimnis mehr – trainiert es sich wegen des moderaten Sauerstoffmangels besonders effizient. Bei der WM in Südafrika half das v. a. der spanischen Mannschaft: Sie holte den Titel, nachdem sie im Montafon trainiert hatte!

Die idealen Bedingungen für Training und Wettkampf sind jedoch nicht nur den Profis vorbehalten. Outdoorsport wird hier in vielen Variationen angeboten. Zwei Neun-Loch-Golfanlagen, mehrere Minigolfplätze sowie die Angebote des Reitclubs Montafon bieten vielfältige Freizeitmöglichkeiten für Freunde des gepflegten Sports. Wenn es danach noch ein wenig rundgehen soll, bietet sich ein Tennismatch auf einem der rund 30 Plätze – oder in einer der zwei Tennishallen – in Tschagguns oder Gaschurn an.

KARTE ▶ C5

Was: Freizeitsport in Schruns-Tschagguns, Gaschurn und Partenen
Wo: Fußballszene Montafon: Tel. 00 43/(0)55 56/ 7 21 66-0; Golfclub Montafon: Tel. 00 43/(0)55 56/

7 70 11; Golfclub Silvretta: Tel. 00 43/(0)55 58/81 00; Reitclub Montafon: Tel. 00 43/(0)6 64/34 05 84; Tenniscenter Schruns-Tschagguns:

Tel. 00 43/(0)55 56/7 31 27
Web: www.montafon.at, www.fussballszene.at, www.golfclub-montafon.at, www.goldclub-silvretta.at, www.rc-montafon.com

69

Wer wird denn in die Luft gehen? Ein Paraglider wartet auf den richtigen Moment dazu.

Von oben betrachtet

Die Gipfel und Bergrücken im Montafon lassen sich zu Fuß oder mit dem Fahrrad erkunden. Der Himmel darüber gehört den Paraglidern, die – alleine oder zu zweit – im Sommer wie im Winter die Welt von oben betrachten können.

Zwei Unternehmen bieten rund um Schruns, Gaschurn und St. Gallenkirch Tandemflüge an, die in der Regel zwischen 15 und 30 Minuten dauern. Vorkenntnisse sind nicht notwendig – Mut aber schon.

Das Erlebnis beginnt natürlich schon vor dem Flug mit dem Aussuchen und Anprobieren der Ausrüstung, mit der Bergfahrt – z. B.

auf den Hochjoch-Sennigrat – und den vielen Geschichten, die manch einer der staatlich geprüften und zugelassenen Fluglehrer zu erzählen hat.

Die Preise für den Spaß in luftiger Höhe sind mit denen in anderen Urlaubsregionen vergleichbar, das traumhafte Alpenpanorama der Silvrettaregion indes sucht seinesgleichen.

Deutlich schneller in Richtung Erde geht es mit dem Fallschirm. Der Union Para Club Silvretta in Hohenems, einziger Sprungclub Vorarlbergs, bietet Tandemsprünge aus 4000 m Höhe an.

KARTE ▶ C5

Was: Tandemflug im Montafon
Wo: Zwei Anbieter fliegen von Schruns, Gaschurn und St. Gallenkirch aus bzw. von den umliegenden Gipfeln. Z. B.: Tandem Gli-

ding Montafon exclusiv, Tel./Fax 00 43/(0)55 56/ 7 67 17 oder Tandemkurt.at, Kurt Burger, Tel. 00 43/(0)660/3 59 36 72
Wann: Ganzjährig
Essen & Trinken: Individu-

ell vereinbar, es gibt auch einen Sonnenaufgangsflug mit Sektfrühstück.
Web: www.tandemkurt.at, www.tandemgliding.at; Tandem-Fallschirmspringer: www.upcs.at

Was braucht man Meer?

Innovative Projekte brauchen außergewöhnliche Namen – und so fällt es auch zunächst schwer, sich unter dem Begriff Bergstrand oder »Mountain Beach« etwas vorzustellen. Was sich dahinter verbirgt, wurde in den letzten zehn Jahren mit Umweltpreisen überhäuft und steht mit seiner einzigartigen Symbiose aus Natur und Freizeitgestaltung immer noch allein auf weiter (Berg-)Flur: Zwei von Menschenhand angelegte Naturseen mit eine Gesamtfläche von 7000 qm, unterteilt in Bade- und Erholungsbereich, werden durch frisches Quellwasser aus der Region gespeist und durch die Selbstreinigungskraft von über 13 000 Pflanzen rein gehalten. Der Verzicht auf Chemie sowie die Tatsache, dass die Seen einzig von der Sonne beheizt werden, machen deutlich, dass es die Schöpfer des Badekomplexes mit dem Erhalt der Bergwelt ernst meinen.

Naturverbundene Besucher haben neben dem obligatorischen Baden und Planschen die Möglichkeit, Beach-Volleyball zu spielen, sich

auf der Liegeterrasse zu entspannen oder auf einem Air-Bubble-Hüpfpolster auf und ab zu sausen. Eine besondere Attraktion ist die erste Luftmatratzen-Rafting-Strecke Österreichs. Zwischen den beiden unterschiedlich hoch gelegenen Seen wird die aufblasbare Erholungsinsel zum Sportgerät.

Lieber Beach-Volleyball in den Bergen als gar kein Meer ...

KARTE ▶ C5

Was: Mountain Beach Freizeitpark in Gaschurn
Wo: Mountain Beach Freizeitpark, Dorfstr. 2, A-6793 Gaschurn, Tel. 00 43/(0)6 64/5 19 35 63
Wann: Hauptsaison (Juli/ Aug.) 9–19 Uhr, Nebensaison (Mai, Juni, Sept.) Mo–Fr 12–19, Sa, So und feiertags 9–19 Uhr
Essen & Trinken: Beacheria mit ca. 85 Plätzen auf der Terrasse und ca.

40 Plätzen im Restaurant auf dem Gelände
Web: www.mountainbeach.at

Bewegung ist alles

Wenn sich auf etwa 80 000 qm eine Freizeitattraktion an die andere drängt, dann ist bestimmt für jeden das Passende dabei – und tatsächlich fällt es schwer, sich im Aktivpark Montafon zu langweilen. Das größte Spielzimmer Vorarlbergs bietet Freizeitaktivitäten für alle Altersklassen und kann dabei mit einigen regionalen Superlativen aufwarten.

Die Erlebnisszene, draußen und doch durch eine riesige Zeltkuppel wetterunabhängig, bietet für Kinder von drei bis zwölf Jahren ein spannendes Angebot, das von einer Riesenrutsche über den Tret- und Elektroauto-Parcours bis hin zu Bungee-Trampolinspringen und dem 100 qm großen Bootsteich reicht. Im Erlebniswald hinter der Zeltkuppel können sich die Kleinen an Hängebrücken, Schaukeln und einer Seilbahn austoben. Im Bereich Aquaszene lädt mit dem Alpenbad Montafon das größte Er-

Wer sich in seinem Urlaub länger in der Gegend um Schruns aufhält, profitiert von der Clubkarte: Karteninhaber, die in einem der mehr als 200 Partnerbetriebe des Aktivparks untergebracht sind (siehe Internet), können das ganze Jahr über viele Angebote des Clubs gratis oder zu stark reduzierten Preisen nutzen.

lebnisfreibad der Region zum Erforschen von Erlebnisbecken, Naturbadeteich, Bambini-Becken oder 70-Meter-Röhrenrutsche ein. Das Angebot an Aktivprogrammen für Kinder und Erwachsene sorgt für noch mehr Spaß im kühlen Nass.

Mountainbiking ist ein weiteres Standbein des Aktivparks. Die Bikeszene ist der größte Veranstalter für Fahrradtouren in Vorarlberg und bietet mit 70 Leihfahrrädern für jeden Fahrer das Richtige. Kompetente Betreuung bei der Planung von Routen stehen ebenso wie geführte Mountainbiketouren auf dem Programm.

Wenn es kalt wird in den Bergen, geht im Aktivpark Montafon der Spaß erst richtig los: Bereits im Oktober verwandelt sich der Bereich unter dem großen Zelt in eine 1800 qm große Kunsteisbahn, auf der neben dem regulären Eislauf für jedermann auch Eisstockschießen und eine Eisdisco stattfinden.

KARTE ▶ C5

Was: Freizeitzentrum Aktivpark Montafon **Wo:** Schwimmbadstr. 1, A-6774 Tschagguns, Tel. 00 43/(0)55 56/7 21 66-40 **Wann:** Ganzjährig geöffnet, das Programm ist je-

doch stark von der jeweiligen Jahreszeit abhängig. Öffnungszeiten der Bereiche finden Sie im Internet. **Essen & Trinken:** Gaststätten in Schruns und Tschagguns

Weitere Ziele: Die Europatreppe in Gaschurn mit ihren 4000 Stufen wird oft als größtes Fitnessgerät der Welt bezeichnet. **Web:** www.aktivparkmontafon.at

Beim Thema Wasser geht's rund – oft zumindest.

Immer am Wasser entlang

Schruns und Tschagguns im Sommer – das heißt Wanderspaß ohne Ende. Egal auf welche Seite der Berge man sich wendet, Wanderwege gibt es für alle Ansprüche. Familien werden sicher den Aqua-Wanderweg lieben. Der Name ist Programm, hier dreht sich alles um den Lebensspender Wasser.

Von Tschagguns bis zum großen Staubecken Latschau dauert es zu Fuß etwa drei Stunden. Wer nicht so lange laufen will, fährt vom Parkbrunnen mit dem Postbus bis zum Stausee. 13 Stationen hat der Aqua-Wanderweg, auf denen viel Wissenswertes über das kostbare Nass und seine Nutzung zu lesen ist. Apropos Nutzung: In Latschau lohnt ein Besuch des größten Pumpspeicherwerks der Illwerke in Vorarlberg. Der Weg führt entlang dem Golmerbach zum Rasafeibach, dessen Wasser früher einmal eine Mühle antrieb. Heute ist immer noch eine Säge in Betrieb, die sein Wasser nutzt. Sportliche Naturen haben auf alle Fälle ihren Spaß an der Aqua-Stiege: 914 Stufen führen 700 m den Berg hinauf und überwinden dabei 400 Höhenmeter – eine Alternative zum Stepper.

KARTE ▶ C5

Was: Wanderspaß auf Aqua-Wanderweg und Aqua-Stiege
Wo: Aqua-Wanderweg und Aqua-Stiege. Gehzeit auf dem Aqua-Wanderweg rund 3 Std.

Wann: Ganzjährig
Essen & Trinken: Dieter Wiesers Jausenstation in Bitschweil. Wer lieber Kaffee und Kuchen oder eine Pizza möchte, findet in Schruns im Café Pizzeria

Feuerstein, Dorfstr. 4, A-6780 Schruns das Passende. Die Torten haben Wiener Format.
Web: www.schruns-tschagguns.at, www.montafon.at

Montafon – echte Berge – echt erleben!

Das Montafon ist mit 222 Pisten-kilometern, modernsten Skigebie-ten und einer professionellen Win-ter-gastronomie und -hotellerie das größte zusammenhängende Skidorado in Vorarlberg. Freerider und Snowboarder können hier an ihre Grenzen gehen, ebenso finden aber auch Genießer und Familien viele Angebote für ein paar schöne, erholsame Tage im Schnee. Die größten Skigebiete heißen Golm, Silvretta Montafon und Gargellen. Geografisch das Erste von ihnen, der Golm, wirbt mit der steilsten Piste, der Diabolo, und ist für sei-nen sympathischen Schneekinder-garten direkt an der Bergstation bekannt. Zudem lacht die Sonne hier schon am frühen Morgen. Seit dem Zusammenschluss der Skige-biete Hochjoch und Silvretta Nova zum größten Skigebiet im Tal, Sil-vretta Montafon, ist ein mit einer Tageskarte befahrbares Gebiet vom Silbertal bis nach Gaschurn und St. Gallenkirch entstanden. Unterhalb der Madrisa und damit haarscharf an der Schweizer Gren-ze entlang gelegen, nistet sich das Familienskigebiet Schafberg in Gargellen mit Ruhe und Gelassen-heit in die faszinierend raue Berg-welt ein, die auch von Touren-gehern und Freeridern gerne erobert wird.

Über allen Gipfeln ist Ruh: Genug Möglichkeiten für eine Auszeit von der Hüttengaudi.

KARTE ▶ D5   ✕ 🚶 👪 ◎◎

Was: Skigebiete im Mon-tafon
Wo: In Vandans/Tschag-guns, Schruns, St. Gallen-kirch, Gaschurn und Gar-gellen
Wann: Je nach Schneever-hältnissen Dez.–April
Tipp: Die Naturrodelbah-nen von Latschau nach Vandans (3 km Länge) oder von Garfrescha in Richtung St. Gallenkirch (5 km Länge) sind herrli-che Schlittenpisten.
Essen & Trinken: Pizzeria Barga an der Piste in Gar-gellen. Sie ist auf Skiern aber auch mit dem Auto oder zu Fuß gut erreichbar.
Web: www.montafon.at

Wenn Outdoor, dann richtig!

Fahrradfahren, Klettern, Fußballspielen, Reiten oder eine Märchenwanderung machen – das alles mit vielen anderen Kindern und am besten, wenn Mama und Papa nicht allzu weit weg sind. Was sich nach der idealen Freizeitgestaltung und ein bisschen nach »zu schön, um wahr zu sein« anhört, wird im Family Fun Club in Gargellen Sommer für Sommer Wirklichkeit: Unzählige Sportarten, Klettertouren und Spiele, dazu ein Riesenaufgebot an Ausrüstung sowie motivierte Animateure, Berg- und Wanderführer halten für Kinder und Eltern gleichermaßen ein besonderes gemeinsames Erlebnis bereit.

Der eigens angelegte Fun Forest, ein von Drahtseilen durchzogenes Waldstück, in dem Klettern in verschiedenen Schwierigkeitsgraden möglich ist, zeigt, worum es den Machern des Family Fun Clubs geht: Die Förderung von Teamgeist und das Erkennen der individuellen Grenzen sind hier wie auch auf den familientauglichen Kletterrouten

rund um Gargellen oberste Grundsätze. Um den Kletterspaß unabhängig von Wind und Wetter verfügbar zu machen, steht seit Kurzem auch eine eigene Kletterhalle zur Verfügung. Richtig aufregend wird es in der Abenteuer-Schlucht, wo der Adrenalinspiegel angesichts der bis zu 55 m hohen Klettermöglichkeiten erheblich steigt.

Das Outdoorzentrum wirbt mit den Worten »Alles ist möglich – man muss es nur tun!« und bietet so noch weit mehr als nur die Herausforderung an steilen Wänden. Erlaubt ist im Club, was gefällt und Spaß macht: Mountainbikekurse mit Techniktraining sowohl für Anfänger als auch für Fortgeschrittene, Spielenachmittage mit Bogenschießen, Volleyball oder Fußball, eine spannende Schatzsuche im Schmugglerland mit anschließendem Besuch bei den Lamas oder einfach nur ein gemeinsam verbrachter Grillnachmittag mit selbst entfachtem Lagerfeuer lassen Eltern und

> Für Kinder gibt es im Hochmontafon zusätzlich ein Ferienprogramm im Bollo Club mit Basteln, Spielen, Kinderschminken und Schatzsuche.

KARTE ▶ C6

🚶 🚴 ≈ 👪 🎫

Was: Bergsport- und Outdoorzentrum Family Fun Club in Gargellen
Wo: A-6787 Gargellen; Information und Anmeldung jeweils am Vortag bis 17 Uhr bei den Tourismusbüros im Hochmontafon, Tel. 00 43/(0)55 58/8 20 10
Wann: Aktuelles Programm im Internet
Sonstiges: Der Klettersteig Gargellner Köpfe bietet zwei anspruchsvolle Routen.
Web: www.gargellen.at

Kinder die Bergferien ohne Stress erleben – und für Langeweile bleibt keine Zeit. Selbstverständlich ist der Family Fun Club auf Kinder und Familien ausgerichtet. Aber nicht alle Familienmitglieder sind schon groß genug, um alleine auf Bäume und an Felswänden entlang zuklettern. Für ganz Kleine gibt es deshalb die Sagen- und Märchenwanderung mit dem »Valzifenzerwiebli«. Viele Sagen und Märchen haben sich entlang der Schmugglerroute zwischen Montafon und der Schweiz bis heute gehalten. Ein Tag, so verspricht die Wanderführerin, der für alle spannend ist. Ebenso ungefährlich wie die Märchenwanderung ist die Schatzsuche nach Süßigkeiten im Schmugglerland.

Und weil das Angebot je nach Urlaubsort überraschend günstig oder sogar kostenlos ist, spricht alles dafür, dem Family Fun Club einmal einen Besuch abzustatten. Der Einstieg ist während der Saison jederzeit möglich!

Unten das reißende Wasser, oben der Fels, so schmeckt das Abenteuer.

Bike-Klassiker in schwindelnder Höhe

Egal ob mit Führer oder auf eigene Faust – die Berge im Verwall, im Rätikon und in der Silvretta sind voller zauberhafter Mountainbike-touren, die allein eine Reise ins Montafon wert sind. Rund zwei Dutzend Touren sind dort ausgeschildert.

Ein Klassiker in hochalpinem Gelände ist z. B. die Silvretta-Bikesafari. Sie gehört mit ihren 31,5 km und einer Fahrtzeit von etwas mehr als vier Stunden zu den mittelschweren Touren. Die Fahrt beginnt in Partenen an der Vermunt-bahn-Talstation. Auf dem Rückweg startet die Tour in Trominier, von wo aus ein Höhenweg zum Vermuntsee führt. Die Bielerhöhe erreichen Biker über ein Stück der Hochalpenstraße, von hier folgt eine Abfahrt nach Galtür. Alternativ bietet sich ein Schlenker über die Kopsstraße zum Kopssee an, dann führt der Weg durch das Ganifer wieder zurück nach Partenen.

Wer durchhält, wird mit einer rasanten Abfahrt belohnt.

KARTE ▶ D6

Was: Mountainbiketour Silvretta-Bike-Safari
Wo: Start und Ziel an der Talstation der Vermuntbahn in Partenen, A-6794 Partenen, Tel. 00 43/(0)55 56/70 18 52 31;

führt über die Bielerhöhe nach Galtür und wieder zurück nach Partenen
Wann: Der höchste Punkt der Strecke liegt auf gut 2000 m, zuvor klären, ob noch Schnee liegt.

Essen & Trinken: SB-Restaurant Silvrettasee oder Berggasthof Piz Buin mit Übernachtungsmöglichkeit.
Web: www.silvretta-bieler hoehe.at, www.gaschurn-partenen.com

Kein Treppenwitz

Als 1925 die Vorarbeiten für das Vermuntwerk begannen, gab es in Partenen weder Strom noch Telefon. Unter welchen Bedingungen die Stauseen und Rohrleitungen entstanden sind, lässt sich heute nur noch erahnen. Manches Baudenkmal ist – neben den Stauwehren – aber auch mit bloßem Auge erkennbar, so z. B. die 4000 Stufen lange Europatreppe in Partenen. Sie ist die längste gerade Treppe Europas und führt entlang der alten Vermuntbahn-Trasse. Im Sommer wird die Treppen-Bestzeit beim »Montafoner Treppencup« ermittelt, sie liegt bei rund 20 Minuten. Wer einen Sololauf auf Zeit hinlegen möchte, kann die stets installierten Stechuhren benutzen und sich anschließend in den Tourismusbüros Partenen und Gaschurn oder in der Talstation der Vermuntbahn eine Urkunde ausstellen lassen. Wer die Treppe im Laufschritt »packt«, stellt sich auf eine Stufe mit österreichischen Ski-Assen und anderen internationalen Spitzensportlern, die hier regelmäßig trainieren.

Die Europatreppe nehmen ist, wie zweimal das Empire State Building erklimmen.

KARTE ▶ D6

Was: Europatreppe Partenen
Wo: Talstation Vermuntbahn, Ortskern Partenen, Tel. 00 43/(0) 55 56/ 70 18 52 31
Wann: Ganzjährig

Essen & Trinken: In Partenen gibt es zahlreiche Restaurants und Gasthäuser mit regionaler Küche, u. a. das Restaurant Backstuba, Tel. 00 43/(0)55 58/88 31 oder den Partener Hof,

Tel. 00 43/(0)55 58/83 19.
Web:
www.illwerke-tourismus.at,
www.partenerhof.at,
www.backstuba.at

Silvretta-Skisafari – ein Hauch von Abenteuer!

Safari – das weckt die Abenteuerlust, erinnert an Afrika und an wilde Tiere. Bis auf die wilden Tiere kann die Exkursion »Silvretta-Skisafari« von Partenen nach Galtür mithalten, denn die Abenteuerlust wird durch den nicht alltäglichen Transport nach oben angestachelt. Statt mit dem Geländejeep geht es mit Ski oder Snowboard auf unüblichem Wege zu einem Tagesausflug ins benachbarte Galtür im Bundesland Tirol. Wer zur Skisafari aufbricht, muss früh aus den Federn.

Die Sonne im Rücken und das Tal vor Augen geht's steil durch den Pulverschnee.

KARTE ▶ D6

Was: Silvretta-Skisafari – per Ski oder Snowboard von Partenen nach Galtür und retour
Wo: Start ist in Partenen bei der Vermuntbahn. Parkplätze sind hier ausreichend vorhanden.
Wann: Eine Tour startet jeweils um 10 und um 10.45 Uhr am ersten, sowie um 13.30 und 14.30 Uhr am zweiten Sammelplatz.

Essen & Trinken: Direkt im Skigebiet Silvapark in Galtür, z. B. Faulbrunnalm, Weiberhimml, Addis Abeba(r), Fluchthornalm
Weitere Ausflugsziele: Ähnlich der Silvretta Ski-

Von Partenen (1030 m) aus geht es mit der Vermuntbahn recht zügig aufs Trominier (1730 m), um von dort aus per Tunneltaxi zur Bielerhöhe transportiert zu werden. Die Fahrt mit dem Tunneltaxi hat es in sich – manche Passagiere ziehen sogar im Taxi den Kopf ein, wenn es durch die schmalen Tunnel geht. Auf der Bielerhöhe angekommen, lohnt ein faszinierender Blick auf die mächtige Silvrettagruppe mit markanten Berggipfeln. Es bleibt noch Zeit für einen Kaffee, bevor per Ski und mithilfe eines Pistenbullys die Reise nach Galtür angetreten wird. Die Teilnehmer dieser winterlichen Expedition lassen sich von dem PS-starken Riesen im Schlepptau Richtung Galtür ziehen. Dort haben die Wintersportler genügend Zeit, um das Skigebiet ausgiebig zu testen und einen Einkehrschwung zu machen. Nach dem Mittagessen geht es gut gestärkt retour ins Montafon. Der geringe Anstieg nach Kops (1855 m) wird in bewährter Manier wieder mit dem Pistenbully über-

> Wer sich nicht alleine auf die Skisafari begeben möchte, der kann die Rundtour auch bei einer der Skischulen im Montafon buchen und sich dann mit einer Gruppe auf den Weg machen.

wunden. Was dann folgt, ist vom Feinsten! Durch alpines Gelände geht es hinab nach Partenen. Nach engen Serpentinen auf der Kopsstraße folgt eine Schussfahrt durch das romantische Ganifer-Tal entlang des Verbella-Baches. Eine Waldlichtung bietet nochmals ein einzigartiges Panorama, bevor es in vielen Kurven zurück ins Tal geht. Der Weg zurück zur Vermuntbahn erfolgt auf dem zugeschneiten Golfplatz (Neun-Loch), vorbei am Wahrzeichen von Partenen, dem riesigen gespaltenen Stein »Gufel-Ste«, um den sich viele Mythen und Sagen ranken. Ein sicherer Stemm- bzw. Parallelschwung und eine durchschnittliche Kondition machen diesen Tagesausflug für jeden zum Erlebnis. Zu verdanken haben die Wintersportler diese einzigartige Idee übrigens einem Berg- und Skiführer aus Partenen: Sepp Tschofen, ehemaliger Skischulleiter, tüftelte lange an dieser abwechslungsreichen Rundtour und beschert so manchem ein echtes Abenteuer.

safari ist die grenzüberschreitende Madrisa Rundtour in Gargellen. Direkt vom Skigebiet Gargellen aus erfolgt ein kurzer Aufstieg zum St. Antönier Joch und danach eine Abfahrt nach St. Antönien. Mit dem Bus und der Bahn weiter nach Klosters (CH) und von dort wieder retour nach Gargellen. Diese Rundtour ist übrigens auch im Sommer mit Bergschuhen zu erwandern. Man sollte 2–3 Tage dafür einplanen.
Web: www.silvretta-bieler hoehe.at, www.bergbah nen-galtuer.at, www.montafon.at

Im offenen Oldtimer eine Serpentine nach der anderen nehmen – was kann schöner sein?

Manche mögen's kurvig

Manchmal ist der Weg das Ziel. Nicht nur Motorradfahrer und Radler wissen das, auch andere Urlauber, die das Alpenpanorama gerne hinter trockenen, windstillen Autoscheiben genießen, schätzen ab und an kurvige Strecken, die sich steile Hänge hinaufschlängeln. Ihre Wünsche erfüllt die 22,3 km lange Silvretta-Hochalpenstraße, die mit 34 Kehren zu den markantesten Alpenpässen gehört.

Die einst für den Kraftwerksbau erstellte Trasse ist im Privatbesitz der Illwerke und nur im Sommer geöffnet. Sie windet sich nach der Mautstelle 1000 Höhenmeter von Partenen hinauf zum 2032 m hoch gelegenen Silvrettasee, dem Ausgangspunkt vieler schöner Wanderungen. Besonders beliebt ist das kleine Motorschiff, das auf dem See verkehrt, auf dem Rundweg können auch weniger alpine Bergfreunde bequem nebeneinander her wandern.

Von der Passhöhe ist es nicht weit bis nach Galtür in Tirol. Der Ort liegt am Ende des Pauznauntals und beherbergt mit dem Alpinarium eine in der Region einzigartige Erlebnisausstellung.

KARTE ▶ E6　　　　　　　　　

Was: Silvretta-Hochalpenstraße von Partenen nach Galtür
Wo: Partenen im Montafon, Tourismusbüro, Tel. 00 43/(0)55 58/8 20 15 00; Galtür in Tirol, Infobüro,

Tel. 00 43/(0)5 09 90
Wann: Sommer
Essen & Trinken: Auf der Passhöhe am See finden sich ein großer Parkplatz und eine ganze Reihe Gasthäuser, auf deren

Terrassen man das Panorama genießen kann.
Web: www.montafon.at, www.alpinarium.at, www.silvretta-bielerhoehe.at, www.gaschurn-partenen.com

TIPP 51

Von wegen im Trüben fischen

Es gibt sie noch, die Jäger und Sammler, und seien es nur die Touristen aus aller Welt, die alljährlich im Sommer das Montafon bevölkern. Jagen geht hier zwar so gut wie gar nicht – ein Glück für Hirsch, Gams und Steinbock –, mit Sammeln und Fischen sieht es aber gut aus. Pilze und Beeren gibt es in den Wäldern, und die Stauseen Kops-, Vermunt-, Silvretta- und Lünersee sind wahre Paradiese für Hobbyangler. Fischerei-Tageskarten erhalten Gäste schon ab zwölf Jah-

ren, wenn ein erwachsener Angler mit Tageskarte dabei ist. Verkauft werden die Tickets bei der Bergstation der Lünerseebahn in Brand, an den Mautstellen der Silvretta-Hochalpenstraße sowie in den Tourismusbüros Gaschurn und Partenen. Üben können kleine Angler schon mal am Baggersee Roter Stein, etwas talauswärts in Gantschier gelegen. Hier gelten Tageskarten bereits für Angel-Zwerge ab sieben Jahren, sofern ein Elternteil eine Tageskarte besitzt.

Klare Sicht auf den nächsten Fang – wenn er denn anbeißt.

KARTE ▶ D6

Was: Fischen im Montafon
Wo: Lüner-, Kops-, Vermunt- und Silvretta-Stausee sowie Baggersee »Roter Stein«
Wann: Die Seen dürfen in der Regel von April–Okt.

befischt werden.
Essen & Trinken: Fischerheim »Roter Stein« ist von April–Okt. geöffnet, die Douglasshütte befindet sich direkt neben der Bergstation Lünerseebahn.

Web:
www.luenerseebahn.at,
ww.montafon.at,
www.illwerkefischer.at,
www.douglasshuette.at

Aufgestaute Energie in 2030 m Höhe: der Silvretta-Stausee.

Einsame Spitze

Leider ist die Sonnencreme, die nach ihm benannt ist, in manchen Ländern fast berühmter als der Berg selbst. Die Fotos von seinen imposant aufragenden Spitzen und seinen zahlreichen, mitunter gefährlichen Gletscherspalten und -brüchen bekleiden nicht umsonst Wohnzimmerwände von Vancouver bis Tokio. Und doch ist der Piz Buin – Koloss der Silvrettagruppe und Vorarlbergs höchster Berg – im Original weitaus schöner als auf all den Fotos.

Der Grat zwischen großem (3312 m) und kleinem (3255 m) Piz Buin markiert die österreichisch-schweizerische Grenze – und auch von der eidgenössischen Seite aus strömen Wanderer auf den Gipfel. Der Aufstieg auf den Piz Buin ist nur für sehr geübte Alpinisten möglich, Wanderer können sich aber von der Wiesbadener Hütte aus ein Bild von dem Wahrzeichen der Silvretta machen (dessen Name übrigens aus dem Rätoromanischen stammt und »Ochsenspitze« bedeutet).

KARTE ▶ D6

Was: Rundwanderung vom Silvretta-Stausee über den Radsattel und das Bieltal zurück zum Parkplatz
Wo: Auf der Bielerhöhe, direkt an der Silvretta-Hochalpenstraße (maut-pflichtig) sind ausreichend Parkplätze vorhanden.
Wann: Je nach Ziel abhängig von der Schneesituation
Essen & Trinken: Direkt am Stausee gelegen: Das SB-Restaurant Silvrettasee, der Berggasthof Piz Buin, das Restaurant im Silvretta-Haus und etwas weiter unten das Madlenerhaus laden zu gepflegten heimischen Speisen

Für konditionsstarke Wanderer empfiehlt sich vom Parkplatz am Silvrettasee die Rundroute über den Radsattel. Dabei folgt man dem spazierenden Tross um den halben Silvrettasee, oder man steigt kurzerhand in das kleine Motorschiff, um rasch auf die andere Seeseite zu gelangen. Anschließend geht es rund 400 Höhenmeter hoch zur Wiesbadener Hütte (2443 m), wo den Wanderer ein grandioser Blick erwartet. Nach kurzer Rast führt der Weg über den Radsattel hinunter nach Tirol in Richtung Galtür. Das am Anfang sehr steil, gegen Ende aber zunehmend flacher abfallende Bieltal ermöglicht immer wieder den Blick gen Osten, wo sich die Silvretta von ihrer schönsten Seite zeigt.

Geübte Wanderer, die früh genug dran sind, können vom Radsattel aus einen Abstecher auf das Hohe Rad (2934 m) machen. Die Gehzeit der gesamten Wanderung liegt dann bei rund fünf Stunden.

Auch im Winter ist der Piz Buin ein begehrtes Ziel – und zwar für Tourengeher, die den Gipfel meist im Spätwinter über den Ochsentalgletscher erreichen oder zumindest über den Gletscher abfahren. Die Silvretta-Hochalpenstraße ist im Winter geschlossen, stattdessen benutzt man für die Anreise die Vermuntbahn in Partenen (ab Ortszentrum) und anschließend den Tunnelbus zur Bielerhöhe.

So hoch kein Schmugglertraum: Grenze zwischen Österreich und der Schweiz.

auf ihren Sonnenterrassen ein. Die Wiesbadener Hütte (2443 m) ist von Nov.–Jan. und von Mai– Mitte Juni geschlossen, ansonsten ganzjähriger Hüttenbetrieb

(40 Betten, 160 Lager, offener Winterraum mit 20 Lagern), Tel. 00 43/ (0)55 58/42 33.
Sonstiges: Auf der Bielerhöhe sind im Winter mehrere traumhafte Langlauf-

loipen mit einer Gesamtlänge von ca. 22 km gespurt.
Web: www.silvrettabielerhoehe.at, www. montafon.at, www. wiesbadener-huette.com

Die historische Altstadt, viel Kultur und die schöne Lage am See: Konstanz bezaubert.

Auge in Auge mit dem Hai

Jung und lebendig, aber auch geschichtsträchtig ist Konstanz am südlichen Bodenseeufer. Bis hinein in die Steinzeit reichen die Funde, die das Archäologische Landesmuseum unweit der Rheinbrücke in modernen Räumen zeigt. Da wird der Blick auf Pfahlbauten gelenkt, wie sie reichlich am Bodensee existierten, oder auf das Mittelalter, dessen Zeugen in und um Konstanz in großer Zahl sichtbar sind, z. B. der ehemalige Getreidespeicher am Gondelhafen. Weil Kirchenmänner und Adlige von 1414 bis 1418 in dem Gebäude tagten und die Stadt zum Mittelpunkt der westlichen Welt machten, nennen es die Konstanzer heute das Konzil. In der freien Reichsstadt herrschte zu der Zeit ein turbulentes Leben. Der in Bodman lebende Künstler Peter Lenk hat dem ein Denkmal im Hafen gesetzt. Es zeigt die pralle Liebesdienerin Imperia, die in beiden Händen jeweils ein Männchen hält. Das eine ist ausgestattet mit den Insignien der geistlichen, das andere mit denen der weltlichen Macht.

KARTE ▶ links von A1

Was: Sea Life Konstanz, Lago Einkaufszentrum, Archäologisches Landesmuseum, historische Altstadt
Wo: Sea Life
Wann: Öffnungszeiten Sealife Juli–13. Sept. 10–19 Uhr, Mai–Juni und ab 14. Sept.–Okt. 10–18 Uhr, Nov.–April 10–17 Uhr, an Sonn- und Feiertagen in den baden-württembergischen Ferien 10–18 Uhr; Einlass bis 1 Std. vor dem Schließen
Essen & Trinken: Restaurant Stromeyer, Die Bleiche, Bleicherstr. 8, D-78467 Konstanz, Bistro und Restaurant in alter Fabrik, Seeblick

Vom Konzil aus lohnt ein Spaziergang durch die Altstadt. Sie überstand den Zweiten Weltkrieg unbeschadet wegen der Nähe zur Schweiz. In den Bombennächten ließen die Konstanzer die Lichter an und die Alliierten damit im Glauben, die Stadt gehöre zum Nachbarland. Der Trick funktionierte.

Halt machen sollte man auf jeden Fall am Münster, allerdings nicht nur, um einen Blick hineinzuwerfen, sondern auch, um auf den Turm steigen. An einem klaren Tag belohnt ein wunderbarer Blick über den See Richtung Meersburg und die Schweizer Berge das Durchhalten auf den 193 Stufen, die zur Spitze führen.

Zu den modernen touristischen Errungenschaften der Universitätsstadt gehört das »Sea Life« Konstanz. Dort gibt es viel über die Tierwelt in Bergbächen oder im Bodensee zu erfahren. Aber auch das Leben in den Meeren ist in den über 40 Becken mit mehr als 3000 Tieren zu sehen. Unweit des »Sea Life« auf der anderen Seite der Bahngleise steht das Einkaufszentrum Lago, wo sich der Bummel unter Dach lohnt.

Erreichbar ist die Stadt mit dem Schiff u. a. von Bregenz, Friedrichshafen oder Meersburg. Und wer ohnehin auf dem See unterwegs ist: Die Inseln Reichenau und Mainau sind von Konstanz aus gut erreichbar, die eine, Reichenau, bietet Ruhe und romanische Architekturkunst, die andere, Mainau, wunderschöne Blumenpracht.

Die schöne Imperia hat die nackten Mächtigen in der Hand.

Sonstiges: Die Blumeninsel Mainau liegt vor der Haustür. Dort gibt es auch zu Zeiten Programm, in denen draußen keine Blumen blühen. Ein Anziehungspunkt ist z. B. das Palmenhaus. Im Schloss finden Kunstinteressierte wechselnde Ausstellungen. Ihrem Namen gerecht wird die Insel dann von März bis in den Herbst hinein, das größte Blumenangebot findet sich zwischen Mai und Aug. Web: www.sealife.de, www.lago-konstanz.de, www.konstanz-touris mus.de, www.mainau.de

Von Luftschiffen und Flugzeugen

Ohne den Pioniergeist des Grafen Zeppelin und ohne die Ingenieurskunst der Familie Dornier wäre Friedrichshafen heute nicht das, was es ist. Zudem würde der Luftfahrt – von der Do 27 bis zum EADS-Astrium-Satelliten – ein großes Stück ihrer Erfolgsgeschichte fehlen. Dieser Geschichte widmen sich in der nach dem ersten württembergischen König benannten großen Stadt am Bodensee gleich zwei Museen. Direkt am Bodensee gelegen, stellt das Zeppelin Museum im ehemaligen Hafenbahnhof auf 4000 qm Pläne, Bauteile, Fotos sowie Kunst des Bodenseeraums aus. Wechselnde Schauen beleuchten u. a. die Beziehungen zwischen Kunst und Fliegerei. Wer die Teilrekonstruktion des LZ 129 besteigt, bekommt eine Ahnung vom Reisegefühl in jenen Tagen, als der Zeppelin die Menschen scharenweise auf die Straße lockte. Heute blicken sie wieder

KARTE ► links von A1

Was: Zeppelin Museum, Dornier Museum, Schulmuseum, Schlosskirche, Messe Friedrichshafen
Wo: Tourist-Information, Bahnhofplatz 2, D-88045 Friedrichshafen, Tel.

00 49/(0)75 41/3 00 10
Wann: Zeppelin Museum: Mai–Okt. tgl. 9–17 Uhr, Nov.–April Di–So 10–17 Uhr; Dornier Museum: Mai–Okt. tgl. 9–17 Uhr, Nov.–April Di–So 10–17

Uhr; Schulmuseum April–Okt. tgl. 10–17 Uhr, Nov.–März Di–So 14–17 Uhr; Schlosskirche: von Ostern bis eine Woche vor dem Reformationstag (31. Okt.) tgl. 9–18 Uhr (nicht zum Luftschiff auf, wenn es als Zeppelin Neuer Technik (NT) über dem Bodensee schwebt. Kinder werden den Kletterzeppelin lieben, der neben dem Museum steht. Auf der Uferpromenade kann man den 22 m hohen Aussichtsturm an der Hafenmole erklimmen, von dessen Plattform sich die Stadt gut überblicken lässt und auch die Türme der sehenswerten Schlosskirche zu sehen sind.

Eng mit dem Grafen Zeppelin war der Ingenieur Claude Dornier verbunden, der Luftschiffe und Flugzeuge konstruierte. Ein Gebäude direkt neben dem Flughafen beherbergt das Dornier-Museum. Es verfolgt die Geschichte der Fliegerei bis hin zur Raumfahrttechnik.

Das Dornier-Museum ist einem – futuristischen – Flugzeug-Hangar nachempfunden.

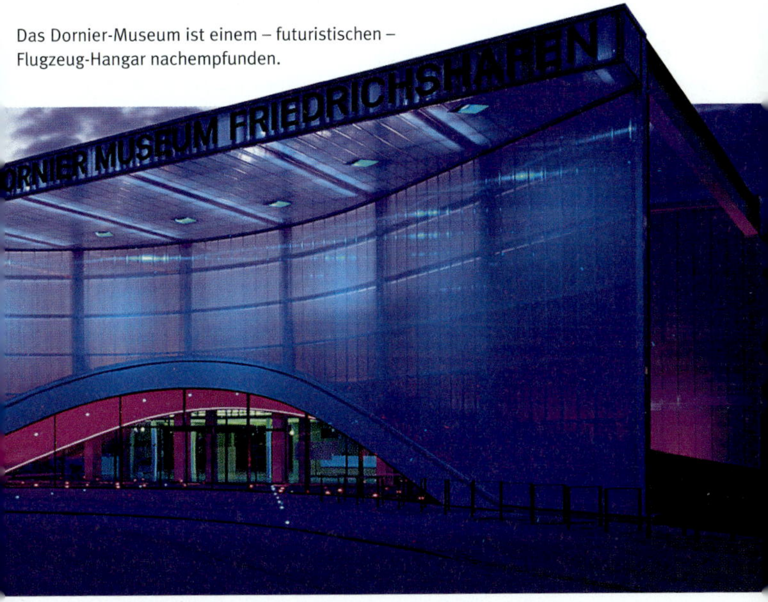

während Trauungen und Gottesdiensten)

Sonstiges: Die Schlosskirche mit den beiden 55 m hohen Kuppeltürmen aus Rorschacher Sandstein ist das Wahrzeichen der Stadt, Führungen bietet das Evangelische Pfarramt, Schlosskirche 1, an, Tel. 00 49/(0)75 41/2 13 08; das Schloss ist heute Wohnsitz von Friedrich Herzog von Württemberg, eine Innenbesichtigung ist leider nicht möglich.

Web: www.Friedrichshafen.info, www.zeppelinmuseum.de, www.dorniermuseum.de, www.schulmuseum-fn.de

Wo der Löwe wacht

Die Lindauer Hafeneinfahrt ist einzigartig. Der bayerische Löwe sitzt dort gegenüber dem Leuchtturm auf seinem Sockel und wacht über ein- und ausfahrende Schiffe. Er thront dort seit 1856, gehauen aus acht Tonnen Kelheimer Marmor und zeigt bei aller Friedfertigkeit doch seine Zähne. Das bayerische

Königshaus ließ ihn seinerzeit errichten, um zu zeigen, wer Herr ist über Hafen und Insel. Die Zeit hat sich gewandelt, der Löwe ist geblieben und gilt heute mit dem Leuchtturm als Wahrzeichen von Lindau. Und so versammeln sich Jahr um Jahr Tausende Touristen im Hafen, nicht nur um dort auf eines der Kursschiffe oder Rundfahrtboote zu steigen, sondern um den Ausblick mit der Vorarlberger und Schweizer Bergwelt im Hintergrund zu genießen. Doch das malerische Städtchen auf der Insel hat noch mehr zu bieten. In den Gassen finden sich viele kleine Läden und gemütliche Wirtschaften, in denen natürlich auch Wein aus lokalen Kellereien ausgeschenkt wird. Sehenswert ist das Alte Rathaus aus dem Jahr 1422. Es ist bemalt mit Szenen aus der Lindauer Stadtgeschichte. Im Haus zum Cavazzen, einem barocken Patrizierhaus, ist das Stadtmuseum samt der Sammlung mechanischer Musikinstrumente untergebracht.

Trotz bemooster Mähne wacht der Löwe eindrucksvoll über den Hafen.

KARTE ▶ B1

Was: Bodenseerundfahrten, Bummel über die Insel, Marionettenoper
Wo: Rundfahrten starten vom Bootsanleger hinter dem Spielkasino oder vom Hafen aus. Lindauer Ma-

rionettenoper im Stadttheater, Fischergasse 37, D-88131 Lindau, Tel. 00 49/(0)83 82/94 24 46
Wann: Ganzjährig
Essen & Trinken: z. B. Hotel Bayerischer Hof; Nana

Web: www.lindau.de, www.wiehrer.de, www.bsb-online.com, www.marionettenoper.de
Sonstiges: Die Marionettenoper zeigt Opern für Erwachsene.

Eine Seefahrt, die ist lustig, eine Seefahrt, die ist schön ...

Tanzend auf dem See

Der Bodensee lockt das ganze Jahr über. Nicht nur am Ufer und beim Baden lockt die erwartete Entspannung, sondern auch auf dem Wasser – genauer gesagt auf den großen Bodensee-Schiffen. Längst gibt es dort Aktionen, die weit über das hinausgehen, was man gemeinhin unter dem Begriff Schifffahrt versteht. Grillabende mit Landausflügen, Tanzveranstaltungen, Gourmetfahrten oder Fasnachtsbälle sind schon lange etabliert und oft gar nicht so teuer. Die Flotten aller drei Uferstaaten befinden sich unter der gemeinsamen Regie der Vereinigten Schifffahrts-

unternehmen von Bodensee und Rhein (VSU). Es gibt zudem noch private Anbieter, deren Schiffe von Unternehmen oder privaten Gesellschaften auch komplett gemietet werden können. Romantische Abendfahrten mit Grillbuffet zu zweit – z. B. von Bregenz aus – oder die Geburtstagsfeier auf einem Party-Schiff, der Hochzeitstag auf einem historischen Dampfer mit feiner Küche und sogar Adventsfahrten mit dem Nikolaus sowie klirrend kalte, unvergessliche Silvestergalas – die Liste der Möglichkeiten ist nahezu so uferlos wie der See selbst.

KARTE ▶ B1

Was: Themenfahrten auf dem Bodensee
Wo: Von Lindau und Bregenz aus, aber auch von anderen Häfen, starten die Schiffe der Weißen Flotte, der Vorarlberg Lines und

der SBS.
Wann: Ganzjähriger Schiffsverkehr, Kreuzfahrten von April–Herbst
Essen & Trinken:
Neu: Seehotel am Kaiserstrand in Lochau

Web:
www.bodenseetouren.de,
www.bodensee-schiffe.ch,
www.hohentwiel.com,
www.sonnenkoenigin.com
www.seehotel-kaiser
strand.at

In der Klosterbibliothek Mehrerau haben wertvolle Bücher eine liebevolle Heimstatt.

Vom Trubel hinein ins Mittelalter

Wer dem Trubel von Bregenzer Hafen und Strandpromenade entgehen möchte, der ist gut beraten, seine Schritte in die Oberstadt zu lenken. Sie ist die eigentliche Altstadt der Vorarlberger Landeshauptstadt und bildet den mittelalterlichen Siedlungskern. Hat man die Geschäftigkeit der modernen Stadt hinter sich gelassen, tritt man nach einem steilen Anstieg über den Stadtsteig durch das Tor. Hier oben scheint die Zeit stehengeblieben zu sein. Bregenzer Bürger haben auf dem historischen Boden mit viel Liebe ihre alten Häuser erhalten und restauriert. Der Spaziergang durch die Gassen eröffnet viele hübsche Blicke auf Fassaden und in Vorgärten. Noch

KARTE ▶ B1

Was: Kunsthaus Bregenz, Militärmuseum im Martinsturm, Kloster Mehrerau
Wo: Kunsthaus Bregenz (KUB), Karl-Tizian-Platz, Postfach 371, A-6900 Bregenz, Tel. 0043/

(0)5574/48 594-0,
E-Mail: kub@kunsthausbregenz.at;
Militärmuseum im Martinsturm, Martinsgasse 3
A-6900 Bregenz, Tel.
0043/(0)5574/4 66 32

Wann: KUB: Di–So 10–18, Do 10–21, 1. Nov. 10–18, 24. Dez. 10–4, 25. Dez. geschl., 26. Dez. 10–18, 31. Dez. 10–14, 1. Jan. 14–18 Uhr;
Militärmuseum 1. Mai–

bevor man seine Schritte in dieses malerische Wohnviertel lenkt, empfiehlt es sich, links abzubiegen und sowohl den Martinsturm wie auch die dazugehörige Kapelle zu besichtigen. Der Unterbau des Turms diente den Neugründern der Bregenzer Siedlung, den Grafen Montfort, als Speicher für die Abgaben der Bauern. Später wurde der Speicher zum eigentlichen Turm erhöht. So entstand in den Jahren 1599 bis 1600 der Martinsturm mit seiner riesigen barocken Holzkuppel. Gleichzeitig dehnte man die vormalige Kapelle aus. Sie liegt im Erdgeschoss und hat dem Betrachter ausgefallene Fresken aus dem 14. und 15. Jahrhundert zu bieten. Heute ist oben im Martinsturm das Vorarlberger Militärmuseum untergebracht. Es gibt Einblicke in Besonderheiten der Kriegführung in Vorarlberg, zeigt Uniformen, Auszeichnungen und Waffen. Vom obersten Stock aus kann man einen wunderbaren Rundblick auf die Vorstadt, den See und die gesamte Region genießen.

> Kloster Mehrerau wurde im Jahr 1097 gegründet. Seit Mitte des 19. Jahrhunderts bewirtschaften es Zisterzienser. Eine Privatschule gibt es dort ebenfalls.

Die Bibliothek des Klosters Mehrerau blickt auf eine wechselhafte Geschichte zurück, sie teilt sich in die Barock- und die sogenannte Große Bibliothek. 1806 wurde das Kloster von der bayerischen Zwischenregierung aufgehoben. Diesem Schritt fiel auch die Bibliothek zum Opfer, die zum Teil zerstört oder geplündert wurde. 2008 nach einer Renovierung wiedereröffnet zählt die nicht öffentlich zugängliche Sammlung aktuell rund 130 000 Bände.

Zurück in den Straßen am See, bietet sich ein Besuch im Kunsthaus an. Das KUB wurde von dem Schweizer Architekten Peter Zumthor entworfen. Die Stahl-, Beton- und Glaskonstruktion hebt sich deutlich von der Kulisse des Straßenzugs am Ufer ab. Je nach Wetter variiert die Farbe des Glases, sodass sich immer wieder neue Ansichten ergeben. Die Nüchternheit der Räume gibt der gezeigten Kunst alle Möglichkeiten zu wirken. Bei einem Cocktail im Museumscafé lässt sich dort auch stimmungsvoll in den Abend starten.

18. Okt. außer Mo 10–17.30, Juli und Aug. 10–19 Uhr; während der Festspielzeit auch montags
Essen & Trinken: Kloster Mehrerau hat einen schönen Gewölbekeller, im

Sommer mit Biergarten. Geöffnet: Di–So 11–23.30 Uhr, Mo Ruhetag; Klosterkeller Mehrerau, Seglerweg 4, A-6903 Bregenz, Tel. 00 43/(0)55 74/8 67 70

Web:
www.kunsthaus-bregenz.at, www.mehrerau.at; Militärmuseum im Martinsturm: www.mim-bregenz.at

Vorhang auf!

Sie ist die größte Bühne ihrer Art – und das weltweit. Die Seebühne in Bregenz hält, was sie verspricht. Wenn an lauen Sommerabenden die Sonne im Bodensee versinkt, am fernen Ufer verschwommene Lichter blinken und in der stets gigantischen Kulisse die Scheinwerfer angehen, können selbst die größten Opernhäuser einpacken, denn dieses Ambiente ist kaum zu überbieten. Die Organisatoren machen keine Kompromisse und inszenieren einen kulturellen Hochgenuss, der – weil's so schön ist – immer zwei Jahre lang wiederholt wird. Wer die Aida in Verona liebt, sollte Verdi am Bodensee erleben. Aber nicht nur Klassiker, auch weniger bekannte Opern und Musicals, die man unbedingt wiederentdecken muss, finden den Weg nach Bregenz. Wenn es regnet, finden die Aufführungen trotzdem statt – allerdings im Opernhaus und nur für diejenigen, die entsprechende Tickets haben. Zum Ausklang lockt dann noch das Kasino Bregenz.

Die Freiheitsstatue in Sterntalerkostüm: ein Spektakel vor der Bodenseekulisse.

KARTE ▶ B1

Was: Bregenzer Festspiele auf der Seebühne
Wo: Bregenzer Festspiele GmbH, Vertrieb & Ticket Center, Platz der Wiener Symphoniker 1, A-6900 Bregenz, Tel. 00 43/(0)55 74/40 76; Casino Bregenz, Am Symphonikerplatz 3, A-6900 Bregenz, Tel. 00 43/(0)55 74/4 51 27
Wann: Die Festspiele finden jedes Jahr im Juli und Aug. statt, genaue Spielzeiten im Internet; Casino Bregenz: tgl. 15–3, Fr und Sa 15–4 Uhr, 24. Dez. geschl.
Web: www.bregenzerfestspiele.at, www.casinos.at

In der Pfänderbahn wird der Blick auf den Horizont gerichtet.

Gipfel im Blick, Adler vor Augen

Der Pfänder liegt auf 1064 m Höhe und bietet eine einzigartige Aussicht auf den Bodensee und auf 240 Alpengipfel. Bei klarem Wetter reicht der Dreiländerblick von den Allgäuer und Lechtaler Alpen im Osten über den Bregenzerwald, die steilen Gipfel des Arlberggebietes und der Silvretta, weiter über den Rätikon bis zu den Schweizer Bergen und den Ausläufern des Schwarzwalds im Westen. Unten liegt der Bodensee, eingerahmt vom Rheintal und den oberschwä-bischen Hügeln. Eine Fahrt mit der Seilbahn, deren Talstation unweit der Bregenzer Altstadt steht, eine Wanderung durch Wald und Wiesen oder eine Radtour den Bregenzer Hausberg hinauf lohnt sich aber nicht nur wegen der Aussicht. Die Greifvogelschau mit Adlern, Uhus und Geiern ist berühmt und in den Sommermonaten heiß begehrt. Die Schau findet am Rande des Wildgeheges statt, wo Tiere wie Rothirsch und Murmeltier aus nächster Nähe betrachtet werden können.

KARTE ▶ B1

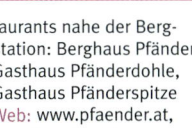
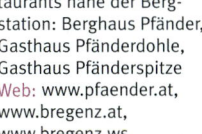

Was: Pfänder mit Adlerwarte und Alpenwildpark, Pfänderbahn, großes Wanderwegenetz
Wo: Wanderwege zum Pfänder, die Talstation der Bahn liegt in Bregenz.

Wann: Pfänderbahn tgl. 8–19 Uhr außer 9.–25. Nov.; Vorführung Adlerwarte, Tel. 00 43/(0)6 64/9 05 30 40, tgl. 11 und 14.30 Uhr
Essen & Trinken: Drei Res-taurants nahe der Bergstation: Berghaus Pfänder, Gasthaus Pfänderdohle, Gasthaus Pfänderspitze
Web: www.pfaender.at, www.bregenz.at, www.bregenz.ws

Vogel- und Pflanzenparadiese am Rhein

Im Rheindelta, kurz bevor das in den Gebirgsbächen Graubündens und Vorarlbergs gesammelte Rheinwasser in den Bodensee fließt, um sich am anderen Ende weiter in Richtung Norden aufzumachen, ist das Bodensee-Ufer mit Abstand am schönsten. Das von sattem Grün, schönen Badewiesen, weiten Schilfflächen und ebenen Wegen durchzogene Naturschutzgebiet ist eine Oase, in der die Natur das Sagen hat. Das Delta, das sich hinüber bis zum Fluss Dornbirner Ach zieht, ist Heimat für über 330 Vogelarten. Unzählige Frösche, Insekten und Kriechtiere finden hier Schutz vor dem, was man gemeinhin Zivilisation nennt. Der Zutritt ist für Menschen erlaubt, sie müssen sich aber an strenge Regeln halten. So müssen Hunde an der Leine geführt werden, Parken ist nur auf ausgewiesenen Flächen erlaubt,

KARTE ▶ B1

Was: Naturschutzgebiet Rheindelta mit Naturpark am Alten Rhein
Wo: Höchst und Fußach
Wann: Ganzjährig, je nach Saison unterschiedliche Sportarten möglich

Essen & Trinken: Rohrspitz Yachting Salzmann, Rohr 1, A-6972 Fußach, Tel. 00 43/(0)55 78/7 57 08; Seerestaurant Glashaus, Am See 1, A-6973 Höchst, Tel. 00 43/(0)55 78/7 25 90

Anreise: Parkmöglichkeiten für den Naturpark beim Bruggerloch, dem Café Schallert, der Rheinauhalle und bei der River Lounge, im Naturschutzgebiet beim Yachthafen Salz-

Im Naturpark ist die Symbiose von Naherholung und Naturschutz gelungen.

ren Seite des Hafens führen romantische Pfade in Richtung Schweiz, vorbei an dem idyllisch gelegenen Badestrand am Restaurant Glashaus. Begehen und mit dem Rad erfahren lässt sich das Naturschutzgebiet bis zur Mündung des Alten Rheins, hier darf man sogar grillen.

Der Natur und dem, was in ihr steckt, ist der Naturpark am Alten Rhein in Höchst gewidmet. Bienenlehrpfad und Klangstation, Naturklettergarten und verschiedenste Tierprojekte wurden hier entlang des Alten Rheins angelegt. Ein Paradies für Familien und Besucher, die die Natur näher kennenlernen möchten. Abgerundet wird das Programm in Höchst durch zahlreiche Sportmöglichkeiten. Den Besuchern stehen Fußball-, Volleyball- und Tennisplätze, eine Halfpipe, ein Vita-Parcours und ein Reitweg zur Verfügung. Einen Badeplatz findet man am Bruggerloch.

und Streuwiesen sowie das Schilfröhricht dürfen nicht betreten werden. Am besten, man erkundet das nur wenige Minuten von Hard oder auch von Bregenz entfernte Naherholungsgebiet mit dem Rad, oder man geht gleich zu Fuß. Ein guter Parkplatz im Naturschutzgebiet ist der beim Yachthafen Salzmann, von wo aus ein schöner Weg nach vorne zum Rohrspitz führt. Auf der ande-

> Über 100 000 qm groß ist das Sportzentrum am See in Hard. Eine Attraktion ist der in BMX- und Skaterkreisen als sehr gut eingestufte Skaterpark.

mann. Öffentliche Verkehrsmittel: Buslinien 14, 15 und 50; Bushaltestellen: Bruggerloch, GH Schwanen, Kirchplatz, GH Hecht; mit dem Fahrrad auf dem Radweg von Lustenau nach Gaißau
Sonstiges: Das Sportzentrum bietet neben einer großen Halle fünf Fußballplätze, eine Leichtathletikanlage, einen überdachten Eislaufplatz, einen Baseballplatz und den Skaterpark.
Web: www.naturpark amaltenrhein.at, www.salzmann.at, www.vorarlberg.travel

97

Flippers Artgenossen zeigen sich springlebendig.

Urlaub in der Lagune

Ein reichhaltiges Frühstück einzunehmen, während sich in unmittelbarer Nähe die Delfine elegant durch das Wasser der Lagune bewegen, ist nicht unbedingt eine typische Schweizer Ferienattraktion. Oder doch? Das Conny-Land in Lipperswil, das besagtes Frühstück und viele sehenswerte Vorführungen mit den Meeressäugern anbietet, ist jedenfalls schon seit beinahe 30 Jahren weit über die Schweizer Grenzen hinaus für sein Florida-Flair bekannt. Ein Tag mit der Familie vergeht in diesem Freizeitpark wie im Flug, dafür sorgen nicht nur die Tiere des Parks, zu denen im Übrigen auch dressierte Seelöwen gehören, sondern auch das mittelalterliche Château, die Voodoo-Insel oder die täuschend echten Hightech-Dinosaurier.

KARTE ▶ A2

Was: Freizeitpark Conny-Land
Wo: Conny-Land, Connylandstr., CH-8564 Lipperswil (TG), Tel. 00 41/(0)52/7 62 72 72
Wann: Das Conny-Land ist von April–Okt. tgl. von 10–18 Uhr geöffnet.
Essen & Trinken: Mehrere Restaurants und Imbissmöglichkeiten im Park
Sonstiges: Der Freizeitpark stellt eine Mischung aus Kirmes, Zirkus und Erlebnisbad dar. Im Sommer empfiehlt es sich, auch eine Badehose und ein Handtuch mitzunehmen.
Web: www.connyland.ch

Von wegen verbummelt

Heute ist ein Einkaufsbummel fester Bestandteil jedes Urlaubs – der Wellnessfaktor beim Geldausgeben weckt offenbar die gleichen Lebensgeister wie Schokolade, Sauna oder gutes Essen. Glücklicherweise ist die Bodenseeregion auch ein wahres Paradies, was das Shoppen angeht. Grundsätzlich lässt sich der Einkaufsgenuss wie überall in zwei Kategorien teilen, in outdoor und indoor.

Outdoor ist man traditionell gut beraten in den größeren Städten der Region, also z. B. in den Fußgängerzonen von Bregenz, Dornbirn, Feldkirch, Lindau oder St. Gallen. Dank rühriger Geschäftsleute strotzen die Innenstädte v. a. im Sommer vor Leben – Juweliere und Boutiquen wechseln sich ab mit allerlei Fachgeschäften und gemütlichen Cafés. Beliebt sind aber auch die indoor-Angebote, allen voran große Einkaufs-

zentren. Im Messepark Dornbirn gibt es beispielsweise 65 Geschäfte, acht Restaurants und Cafés mit täglich Tausenden von Besuchern – hier ist immer etwas geboten. Der Messepark liegt direkt an der Rheintalautobahn A 14 und ist das größte Einkaufszentrum Vorarlbergs. Internationale Marken sind hier ebenso zu Hause wie einheimische Geschäfte. Ein weiterer Magnet in der Region sind das Zentrum der Migros-Gruppe in St. Margrethen (Rheinpark) sowie der Lindaupark gleich hinter der deutschen Grenze auf dem Weg zur Lindauer Insel.

Auf dem Rückweg sind die Taschen voll.

KARTE ▶ A2

Was: Einkaufsbummel
Wo: Innenstädte sowie die Einkaufszentren Messepark, A-6850 Dornbirn, Tel. 00 43/(0)55 72/29 38 00; Rheinpark, CH-9430 St. Margrethen, Tel. 00 41/ (0)7 17 47/34 11; Lindaupark, D-88131 Lindau, Tel. 00 49/(0)83 82/2 77 56-0 **Wann:** Messepark Dornbirn Mo–Do 9–19.30, Fr 9–21.00, Sa 8.30– 18 Uhr; Lindaupark Mo– Sa 8.30–20 Uhr; Rheinpark Mo–Do 9–19, Fr von 9–21, Sa von 8–17 Uhr **Web:** www.messepark.at, www.lindaupark.de, www.rheinpark.ch

Vom prächtigen Barock zum stilvollen Shopping

Nur wenige Autominuten von der österreichischen Grenze und wenige Kilometer vom Bodensee entfernt, liegt die Schweizer Stadt St. Gallen. Die Gemeinde mit dem reich geschmückten Bären im Wappen ist v. a. bekannt wegen ihrer markanten Barockkathedrale und – noch stärker – wegen der Stiftsbibliothek. Im Schatten der zwei Kirchtürme, in der ältesten Bibliothek der Schweiz, lagert eine bedeutende Sammlung mittelalterlicher Handschriften und wertvoller Druckwerke. Nicht nur die Bücher der 1983 zum UNESCO-Weltkulturerbe erklärten Stiftsbibliothek sind beeindruckend, auch die Architektur der Anlage ist einzigartig. Allein der weltberühmte Bibliothekssaal ist Grund genug für einen Abstecher. Als besonderes Highlight lässt sich in der Bibliothek zudem die 2500 Jahre alte ägyptische Mumie der Schepenese bestaunen.

Natürlich ist aber in St. Gallen nicht alles ehrwürdig und alt. In der gut 70 000 Einwohner zählenden modernen Schweizer Metropole lässt es sich auch entspannt bummeln und einkaufen. Neuerdings lässt sich St. Gallen übrigens auch audiovisuell erkunden: Entweder man lädt sich die virtuelle Stadttour im Internet herunter, oder aber man leiht einen Pocket-PC in der Tourist-Info am Bahnhofsplatz aus.

Vom Boden bis zur Decke bietet die Stiftsbibliothek feinste Werke.

KARTE ▶ links von A2   ✕ ▥ ▯ ☂

Was: St. Gallen mit Stiftsbibliothek
Wo: Stadt St. Gallen, Rathaus, CH-9001 St. Gallen, St. Gallen-Bodensee Tourismus, Tel. 00 41/ (0)71/2 27 37 37

Wann: Stiftsbibliothek Mo–Sa 10–17, So 10–16 Uhr, feiertags besondere Zeiten
Essen & Trinken: Berühmt ist St. Gallen für die sogenannten Erststockbeizli,

wo im ersten Stock gegessen wird, z. B. das »Bäumli« oder »Schäfli«.
Web: www.stadt.sg.ch, www.st.gallen-bodensee.ch, www.stiftsbibliothek.ch

Treiben lassen in klarer Zengarten-Atmosphäre.

Einfach abtauchen

Wer von Vorarlberg aus den Weg ins Schweizer St. Gallen gefunden hat, taucht ein in viel Kultur und städtisches Flair. Wer lange auf den Beinen war, z. B. beim Einkaufsbummel oder bei einer Stadtführung samt Stiftsbibliotheks-Erkundung, der kann sich in der Freizeitanlage Säntispark hervorragend erholen. Das Spaß- und Wellnessbad in Abtwil nahe St. Gallen ist ein Ort, an dem sich Familien mit Kindern ebenso wohlfühlen wie Paare oder Ältere, die im modernen, großzügig angelegten Wellnessbereich ihre Ruhe finden. Auf dem 64 000 qm großen Gelände gibt es u. a. acht verschiedene Wohlfühlbäder, ein umfangreiches Wellness- und Massageangebot mit römisch-irischem Bad und Privat-Spa sowie eine Saunalandschaft mit regelmäßigen Aufgüssen. Und auch im 110 m langen Wildwasser-Canyon lässt sich die Zeit auf angenehme Weise vergessen. Ein großes Einkaufsangebot sowie ein Viersternehotel und die Sporthalle mit verschiedenen Fitness-angeboten (Badminton, Squash, Tennis, Bowling, Billard usw.) runden einen Tag im Säntispark ab.

KARTE ▶ links von A2

Was: Baden, Sporttreiben und Erholen im Säntispark
Wo: Säntispark Freizeit, Wiesenbachstrasse 9, CH-9030 Abtwil, Tel. 00 41/(0) 7 13 13/15 15
Wann: Mo–Fr 9–22, Sa und So 8–22 Uhr
Essen & Trinken: Migros-Restaurant auf dem Säntispark-Gelände
Sonstiges: Wer den Privat-Spa-Bereich nutzen möchte, sollte vorher reservieren, um sicherzustellen, dass die Räume und verschiedenen Angebote zur Verfügung stehen. Online oder unter Tel. 00 41/(0)7 13 13/15 30
Web: www.saentispark.ch

Erhabene Zeugnisse jüdischen Lebens

Erst seit einigen Jahren darf sich die 15 700-Seelen-Gemeinde Hohenems mit dem Titel »Stadt« schmücken. Zwar war ihr bereits im Mittelalter das Stadtrecht verliehen worden – weil aber damals das Geld für eine anständige Stadtmauer fehlte, mussten die Bürger bis zum Jahr 1983 auf die Bezeichnung warten. Hohenems ist demnach mit Abstand die jüngste Stadt im Ländle. Bekannt ist sie v. a. für ihre jüdische Gemeinde, die bis zum Zweiten Weltkrieg eine bedeutende Stellung innerhalb der Bevölkerung innehatte. Dann brachten

Die Geschichte der jüdischen Gemeinde zeichnet das Jüdische Museum Hohenems nach.

KARTE ▶ B2

Was: Stadt Hohenems mit dem jüdischen Viertel, Museen und Burgen
Wo: Amt der Stadt Hohenems: Kaiser-Franz-Josef-Str. 4, A-6845 Hohenems, Tel. 00 43/(0)55 76/71 01-0;

Jüdisches Museum: Villa Heimann-Rosenthal, Schweizer Str. 5, Tel. 00 43/(0)55 76/ 7 39 89-0; Stoffels Sägemühle: Sägerstr. 11, Tel. 00 43/(0)55 76/7 24 34

Wann: Jüdisches Museum: Di–So und feiertags 10–17 Uhr
Sonstiges: Auch für Literatur- und Kunstliebhaber hat die Stadt einiges zu bieten, etwa das literaturhaus

die Nationalsozialisten auch hier Tod und Vertreibung. An vielen Orten finden sich noch heute Zeugnisse jüdischen Lebens und jüdischer Kultur in der Stadt im Rheintal. Der noch immer genutzte, schon fast 400 Jahre alte jüdische

Friedhof mit seinen moosbewachsenen Grabsteinen, die ehemalige Synagoge, die nach 50 Jahren der Nutzung als Feuerwehrhaus heute den Salomon-Sulzer-Saal beherbergt, und das denkmalgeschützte jüdische Viertel sind nur einige Beispiele. In diesem Stadtbezirk ist in einer schmucken Villa das berühmte Jüdische Museum untergebracht, das seit 1991 die Erinnerung an die Gemeinde wachhält.

Ein Prachtbau ganz anderer Art ist der Renaissancepalast aus dem 16. Jh. Am Fuße des markanten Schlossbergs gelegen, zählt er zu den schönsten Bauten seiner Art in der Region. Weitere Zeugnisse alter Herrschaft sind das Schloss Glopper sowie die Ruine Alt-Ems, ehemals eine der größten Burganlagen weit und breit. Die Burg besaß bei rund 800 m Länge nur eine Breite von gut 80 m und verfügte über 47 Räume. Der Konradsbrunnen im Burghof wurde restauriert, er soll im 10. Jh. durch eine Art Wunder erschaffen worden sein.

Ganz bürgerlich geht es unterhalb der ehrwürdigen Mauern zu: Im Museum Stoffels Sägemühle erwartet den Besucher eine einzigartige Reise durch 2000 Jahre Mühlengeschichte. Das alte Rathaus (1637–1830) fasziniert indes mit seiner denkmalgeschützten, abenteuerlichen Architektur. Wer genau hinsieht, erkennt in einem der Fenstersimsbalken ein eingekerbtes Beil – es erinnert auf diese schauerliche Weise an die frühere Blutgerichtsbarkeit.

schanett oder den Kunstraum Otten, ein Privatmuseum gegenstandsloser Kunst.
Web: www.hohenems.at, www.jm-hohenems.at, www.museum-stoffels-saege-muehle.at

Natur, Technik, Kunst

Fast hat man als Besucher des Panoramarestaurants auf dem Berg Karren das Gefühl, hoch über dem Berg, der Stadt Dornbirn und dem Bodensee zu schweben. Die Aussicht aus dem auf einer Stahlkonstruktion über dem Abhang gebauten gläsernen Restaurant lässt beinahe vergessen, dass hier oben auch die Küche etwas zu bieten hat. Ganz gleich ob einfacher Wanderer oder anspruchsvoller Gourmet – hier bekommt jeder etwas Leckeres auf den Tisch. Um all das zu genießen, müssen Besucher Dornbirns nicht einmal in die Bergschuhe schlüpfen: Die Seilbahn bringt die Fahrgäste in weniger als fünf Minuten die gut 500 m nach oben auf den Hausberg der Stadt. Doch wandern kann man auf dem Karren natürlich trotzdem: Gut beschilderte Wanderrouten sowie ein Waldlehrpfad mit 16 Stationen und eigenem Wurzelgnom machen ihn v. a. für Familien mit Kindern zum idealen Ausflugsziel.

Wenn im Winter alle Wanderwege gesperrt sind, ist eine Rodelpartie auf der wenige Kilometer entfernten, 1,5 km langen Naturrodelbahn Ammenegg ein würdiger Ersatz.

Ein Abenteuer für Naturfreunde jeden Alters ist ein Besuch der Rappenlochschlucht, deren Eingang im Dornbirner Stadtteil Gütle liegt. Auf Stegen, Treppen und sogar durch einen Tunnel schlängelt sich – immer eng am Fels entlang – der Weg durch die Schlucht, die zu den größten ihrer Art in Mitteleuropa zählt. An ihrem Ende liegt das über 100 Jahre alte Wasserkraftwerk Ebensand, das noch heute in Betrieb und für Besucher geöffnet ist. Einen Abstecher in das rund 20 Autominuten entfernte Dorf Schwarzenberg ist allein schon der Anblick der berühmten barocken Dorfkirche wert. Auch das Heimatmuseum mit Werken der Malerin Angelika Kauffmann und der Alpabtrieb mit anschließendem traditionellem Markt, der im großen Rahmen jedes Jahr Mitte September stattfindet, ziehen Besucher an.

Natürlich kommt in der Gegend um Dornbirn – wie auch sonst in Vor-

> Die Umgebung von Dornbirn ist so vielseitig, dass Besucher etwas Zeit mitbringen sollten, um sie zu erkunden – das Auto kann dazu stehenbleiben.

KARTE ▶ B2

Was: Ausflüge rund um Dornbirn
Wo: Dornbirn Tourismus, Rathausplatz 1, A-6850 Dornbirn, Tel. 00 43/(0)55 72/2 21 88; Dornbirner Seilbahn GmbH, Güt-

lestr. 6, A-6850 Dornbirn, Tel. 00 43/(0)55 72/2 21 40; Panoramarestaurant, Tel. 00 43/(0)55 72/5 47 11; Tourismusbüro Schwarzenberg, A-6867 Schwarzenberg,

Tel. 00 43/(0)55 12/35 70
Wann: Karrenseilbahn Winter: Mo–Do 10–23, Fr 10–24, Sa 9–24, So 9–23 Uhr;
Sommer: So–Do 9–23, Fr und Sa 9–24 Uhr

Tunnel, Treppen, Abenteuer: die Rappenlochschlucht.

arlberg – der Skisport nicht zu kurz: Das Naherholungsgebiet Bödele, das an Wochenenden zwar oft sehr voll, unter der Woche aber eher ein Geheimtipp ist, bietet 24 meist mittelschwere Pistenkilometer, neun Lifte sowie Langlaufloipen und Winterwanderwege.

Essen & Trinken: Panoramarestaurant Karren
Weitere Ziele: An die Rappenlochschlucht schließt sich – getrennt durch den Staufensee – die etwas kleinere Alplochschlucht an. Der Weg führt über urige Treppenkonstruktionen. Wegen der stets hohen Luftfeuchtigkeit in der engen Schlucht empfehlen sich selbst an warmen Tagen eine Regenjacke und festes Schuhwerk.
Web:
www.dornbirn.info,
www.dornbirn.at,
www.karren.at,
www.schwarzenberg.at,
www.boedele.info

Die Stadt der schönen Dinge

Exquisite Automobile, zeitgenössische Malerei und Bildhauerei sowie die größte Naturausstellung rund um den Bodensee – was den Unterhaltungswert angeht, kann die Museumslandschaft in Dornbirn mit vielen, auch größeren Städten mithalten. Unter den Dächern einer ehemaligen Maschinenfabrik in der Innenstadt haben gleich zwei Museen eine Bleibe gefunden: In der »inatura« können Besucher an interaktiven Stationen Spannendes über die Lebensräume Wald, Wasser, Gebirge und Stadt erfahren. Attraktionen wie ein Lawinensimulator, das Unterwasserkino oder lebende Tiere und Präparate haben das Museum in den letzten Jahren zum meistbesuchten in ganz Vorarlberg gemacht. Im benachbarten »Kunstraum Dornbirn« finden in den Sommermonaten Ausstellungen zeitgenössischer Kunst statt.

Am Eingang der Rappenlochschlucht, etwas außerhalb Dornbirns, befindet sich in einem alten Industriegebäude das größte Rolls-Royce-Museum der Welt. Unter den über 1000 Exponaten (darunter 50 Fahrzeuge) sind u. a. die Luxuskarossen von »Queen Mum« oder Henry Royce zu bestaunen. Im Anschluss an eine Besichtigung darf ein gesitteter Fünfuhrtee im liebevoll eingerichteten Tearoom des Museums nicht fehlen.

Die Laserharfe braucht keine Saiten – wo die Finger die Strahlen unterbrechen, entstehen Töne entsprechender Höhe.

KARTE ▶ B2

Was: Museen in Dornbirn
Wo: inatura: Jahngasse 9, A-6850 Dornbirn, Tel. 00 43/(0)55 72/23 23 5-0; Kunstraum: Marktstr. 33/1, Tel. 00 43/(0)55 72/5 50 44; Rolls-Royce-Museum, Gütle 11 a, Tel. 00 43/(0)55 72/5 26 52
Wann: inatura tgl. 10–18 Uhr, Rolls Royce 1. Apr.–31. Okt. 10–18, 1. Nov.–31. März 10–17 Uhr, Mo geschl.
Web: www.inatura.at, www.kunstraumdornbirn.at, www.rolls-royce-museum.at, www.druckwerk-dornbirn.at, www.krippenmuseum-dornbirn.at

Die Kirchenburg thront 50 Meter über der Stadt auf dem Liebfrauenberg.

Wehrhafter Wallfahrtsort

Eine Kirchenburg ist kein alltäglicher Anblick in Österreich – nicht einmal eine Handvoll solcher Bauwerke zählt das Land. Eine der schönsten und bekanntesten von ihnen, die Basilika Unsere Liebe Frau Mariä Heimsuchung, steht in der Marktgemeinde Rankweil in der Nähe von Feldkirch. Seit weit über 1000 Jahren schon prägen hier Kirchenbauten, die auch als Wallfahrtsort beliebt wurden, durch ihre zentrale Lage auf dem Liebfrauenberg das Ortsbild. Von ihrem Wehrgang bietet sich eine tolle Sicht übers Rheintal und die Vorarlberger Alpen. Noch älter als die Basilika ist die ausgegrabene Villa Rustica in Brederis, ein landwirtschaftliches Anwesen aus dem 1. Jh. n. Chr. Rankweil ist aber nicht nur wegen der Kultur, sondern auch wegen der Freizeitmöglichkeiten ein beliebtes Ziel. Ob einkaufen im Vinomna Center oder wandern und im Winter Ski fahren im nahe gelegenen Laterns – wie so oft in Vorarlberg kommt hier alles Gute zusammen.

KARTE ▶ A3

Was: Sehenswürdigkeiten und Umgebung von Rankweil
Wo: Marktgemeinde Rankweil, Am Marktplatz 1, A-6830 Rankweil, Tel. 00 43/ (0)55 22/40 50

Essen & Trinken: Gaststätten am Ort
Weitere Ziele: Im Museum für Druckgrafik bekommen Besucher interessante Einblicke in die Besonderheiten eines selten geworde-

nen Berufs. Wer sich intensiver für die Geschichte interessiert, wird den Rankweiler Kulturpfad mögen, Material dazu gibt es beim Bürgerservice.
Web: www.rankweil.at

Umringt von Geschichte

Kopfsteinpflaster, enge Gassen, malerische Lauben, beeindruckende Häuserfronten – der Rundgang durch Feldkirch führt den Besucher direkt in die Geschichte der Stadt. Reste von Türmen und Stadtbefestigung zeigen, dass der Ort von jeher wehrhaft und von großer Bedeutung für Handel und Verkehr in der Region gewesen ist. Noch erhalten ist die Schattenburg, der Stammsitz der Ortsgründer, der Grafen von Montfort. Sie begannen mit dem Bau um 1200. Die späteren Herren bauten das Gebäude um. Bereits 1825 kam es in städtische Hand. Inzwischen ist dort ein Museum untergebracht, das der Heimatpflege- und Museumsverein Feldkirch pflegt. Die neueste Errungenschaft ist der Bergfried. Er wurde erst kürzlich geöffnet und ermöglicht jetzt den Besuchern einen atemberaubenden Blick über die Stadt. Sie bildet übers Jahr für Veranstaltungen eine beeindruckende Kulisse wie beim Montfortspektakel, das mit seiner dreitägigen Zeitreise ins Mittelalter jährlich rund 20 000 Menschen anlockt. Wer sich für das Museum Zeit nimmt, erfährt viel über das Leben in früheren Tagen. Es zeigt, wie in

Malerisch liegt Feldkirch am Durchbruch der Ill ins Rheintal.

vergangenen Zeiten gewohnt und gelebt wurde. Sakrale und profane Kunstwerke gehören ebenso zu der Sammlung wie auch Waffen vom Mittelalter bis zum Zweiten Weltkrieg, die im Bergfried ausgestellt sind. Ein typisches Handwerk der Region war die Weberei. Auch das spiegelt sich in den Exponaten. Zu sehen ist, wie die Handspinnerei und die Handweberei funktionierten, und auch ein intakter Webstuhl gehört zum Inventar.

Auch außerhalb der städtischen Bebauung kann man in Feldkirch vieles lernen und bestaunen. Der Wildpark Feldkirch auf dem städtischen Ardetzenberg eröffnet zahlreiche Möglichkeiten für schöne Ausflugsstunden. Auf dem Waldlehrpfad erklären 70 Tafeln, wie es im Wald zugeht und wie er auf das Klima und die Böden wirkt. Die

KARTE ▶ A3

Was: Feldkirch, Schattenburg und -Museum
Wo: Heimatpflege- und Museumsverein Feldkirch, Burggasse 1, A-6800 Feldkirch, Tel. 00 43/(0)55 22/ 7 19 82

Wann: Nov.–März Sa, So und feiertags von 11– 16, Jan.–März auch Di–Fr von 13.30–16 Uhr; April–Okt. Mo–Fr 9– 12 und 13.30–17, Sa, So und feiertags von

9–17 Uhr
Essen & Trinken: Braugaststätte Rössle Park, Rösslepark 1, A-6800 Feldkirch, Tel. 00 43/(0)55 22/ 76 54 30, geöffnet tgl. 9–2 Uhr; Rauch Café Bar

größte Anziehungskraft im Areal dürften aber – v. a. auf die kleineren Besucher – die Tiere im Wildpark ausüben. 160 Tiere insgesamt aus 18 verschiedenen Arten leben im Park. Alle sind entweder hier geboren oder stammen aus anderen Tierparks und Zoos.

Auf fachkundig geführten Spaziergängen erfährt man mehr über die Lebensweise vieler heimischer Tierarten.

> Die Domkirche St. Nikolaus gilt als bedeutendste gotische Kirche in Vorarlberg. Die Schmiedearbeit am Sakramentshäuschen bezeichnen Fachleute als die beste in ganz Österreich.

Restaurant, Marktgasse 12–14, A-6800 Feldkirch, Tel. 00 43/(0)7 55 22/ 7 63 55, Öffnungszeiten: Restaurant Mi–Mo 10–1 Uhr, Di nur über Mittag mit kleiner Karte, Café Bar tgl. 9–1 Uhr

Sonstiges: In den Monaten Mai und Juni hat sich das Feldkirchfestival etabliert, das über eine Woche zahlreiche Musikveranstaltungen bietet. Aktuelle Infos siehe Web.

Web: www.feldkirch.at, www.schattenburg.at, www.roesslepark.at, www.rauch.sonderbar.at www.feldkirchfestival.at

Fürstlich gemütlich

Dass Vaduz, die weltbekannte Hauptstadt des Zwergstaates Liechtenstein, über gerade einmal 5000 Einwohner verfügt, dürfte wohl den wenigsten bekannt sein. Auch sonst steht vieles hier zu Unrecht im Schatten der internationa- len Geldgeschäfte, derentwegen der Ort seine Berühmtheit erlangt hat. Allein das Kunstmuseum Liechtenstein, das die staatliche Sammlung zeitgenössischer Kunst beherbergt, das Liechtensteinische Landesmuseum oder das Briefmar-

KARTE ▶ A4

Was: Museen und Stadt-
bummel in Vaduz
Wo: Gemeinde Vaduz, Rat-
haus, Städtle 6, FL-9490
Vaduz, Liechtenstein, Tel.
0 04 23/2 37 78 78; Kunstmuseum: Städtle 32, Tel.

0 04 23/2 35 03 00; Lan-
desmuseum: Städtle 43,
Tel. 0 04 23/2 39 68 20; der
Citytrain-»Bahnhof« befindet sich auf dem Bustermi-
nal an der Aeulestrasse,
unterhalb des Vaduzer

Rathausplatzes.
Wann: Die Städtle Tour
findet von 1. März–
21. April und 30. Sept.–
31. Okt. nur für Gruppen
auf Reservierung statt,
22. April–30. Sept. tgl.

kenmuseum Vaduz zeugen von dem kulturellen Anspruch der kleinen Alpennation unweit der österreichisch-schweizerischen Grenze. Am besten und bequemsten lässt sich die Vaduzer Innenstadt wohl – mit markanter Optik und sehens-

werten Stationen – im Citytrain befahren. An den Stationen der Städtle Tour lernen Besucher v. a. den Charme der Vaduzer Altstadt kennen. Sie führt u. a. vorbei am berühmten roten Haus, dem neuen Landtagsgebäude sowie dem Schloss Vaduz und lässt auch einen Abstecher in die grüne Umgebung der Stadt nicht aus. Wer nach diesem ersten Eindruck noch mehr über die Geschichte und das Fürstenhaus des Staates wissen möchte, hat die Möglichkeit, gleich im Anschluss an die Fahrt an der einstündigen Führung »Auf den Spuren der fürstlichen Familie« teilzunehmen. Ein Einkaufsbummel und ein Glas heimischen Weins in einem der gemütlichen Restaurants in der Innenstadt runden einen Tagesbesuch im Fürstentum ab.

Der liechtensteinische Staatsfeiertag, das Fürstenfest, lockt jedes Jahr am 15. August Tausende Besucher nach Vaduz. Mit Musik, Tanz, und gutem Essen feiern die Vaduzer seit 65 Jahren an diesem Tag ihre Fürstenfamilie.

Die Burg Liechtenstein ist eingerahmt von mächtigen Gipfeln.

von 8.30–17 Uhr, kein Betrieb am 15. Aug.
Essen & Trinken: Zahlreiche Restaurants am Ort, eher gehobene Preisklasse
Sonstiges: Von Ende April–Ende Okt. findet auf dem Rathausplatz einmal monatlich am Samstag der Bauernmarkt statt, die genauen Termine finden Sie im Internet, hier gibt es regionale Produkte, aber auch lokales Kunsthandwerk.
Web: www.vaduz.li, www.kunstmuseum.li, www.landesmuseum.li, www.citytrain.li, www.staatsfeiertag.li

Wissenswertes über Vorarlberg

von links nach rechts:
Sterne-Restaurants, z. B. Thurnher's in Zürs ▸ S. 119
Weißer Ring-Rennen in Lech ▸ S. 114
Vorarlberger Spezialitäten, z. B. Kastanien ▸ S. 119
Bregenzer Festspiele ▸ S. 116

Veranstaltungskalender

JANUAR

Weißer Ring-Rennen in Lech
Mit 22 Pistenkilometern lädt die traditionsreiche Skirunde zum längsten Skirennen der Welt.
Skigebiet Lech Zürs, Mitte Jan.;
www.derweissering.at

FEBRUAR

Nostalgie-Skirennen in St. Anton
Ski laufen wie anno dazumal: Wer sich vor der Jury mit Holzski und Schnürschuhen präsentiert, darf auch beim anschließenden Skirennen teilnehmen.
Ski-Club Arlberg, Anfang Feb.;
E-Mail: office@skiclubarlberg.at

Fasching in Vorarlberg
Traditionell wird in Vorarlberg die »alemannische Fasnacht« gefeiert, die größten Faschingsumzüge mit Maskengruppen und Guggenmusik sind in Dornbirn, Feldkirch und Bregenz.
Hochfaschings-Wochenende bis Aschermittwoch

Funkasunntig
Ab Einbruch der Dämmerung sind überall in der Region Funkenfeuer zu sehen, die den Winter austreiben sollen.
So nach Aschermittwoch, in der ganzen Region, z. B. in Bludenz, Braz

MÄRZ

Wintergolf-Woche Lech Zürs
Vor atemberaubender Bergkulisse wird im Zuger Tal auf einem temporär angelegten Neun-Loch-Schneegolfplatz der Wintergolfmeister gekürt – ein besonderes Erlebnis für alle, die mit Golfspielen nicht bis zur Schneeschmelze warten können oder möchten.
Zuger Tal, Mitte März;
www.wintergolf-lech-zuers.at

Diabolo-Race am Golm
Tourenskirennen mit extrem steilen Pisten – hier ist wahrer Siegerwille gefragt!
Skigebiet Golm, Mitte März;
www.diabolorace.com

Das Schicksal schlägt – oder vielmehr tritt – zu und stürzt die Protagonisten in Verdis Aida auf der Bregenzer Seebühne ins tragische Unglück.

Kunststück, das nicht immer gelingt, aber immer Spaß bringt.
Talstation Gargellen, Mitte April;
www.gargellen.at

MAI

Feldkircher Montfortspektakel
Am Fuße der Schattenburg können mittelalterliches Handwerk und Brauchtum erlebt werden.
Feldkirch, Wochenende Mitte Mai;
www.feldkirch.at

JUNI

Fronleichnamsprozessionen
Von der ganzen Gemeinde gefolgt, trägt der Priester zum Segen das »Allerheiligste« durch Dörfer und Natur. Blasmusik und Trachten dürfen hier nicht fehlen!
Donnerstag 10 Tage nach Pfingsten

Berge in Flammen
In Gargellen feiert man die Sonnwende, indem auf den umliegenden Gipfeln bei Einbruch der Nacht Bergfeuer entzündet werden.
Gargellen und andere Orte, zur Sommersonnenwende um den 21. Juni;
www.gargellen.at/sonnwendfeier

JULI

Schokoladenfest in Bludenz
Anfang Juli erscheint Bludenz ganz in Lila – die Milka-Kuh lädt zum Fest

APRIL

Ostermontags-Open-Air in Warth-Schröcken
Das jährlich stattfindende Event im Sporthotel Steffisalp garantiert musikalischen Hochgenuss und gute Stimmung.
Warth-Schröcken, am Ostermontag

Water Attack Fun Contest in Gargellen
Die Teilnehmer versuchen, auf Ski oder Snowboard ein ca. 15 m langes Wasserbecken zu durchqueren und dabei nicht abzusinken – ein

mit viel Spiel und Spaß für die ganze Familie.
Wochenende Anfang Juli;
www.bludenz.at

Bregenzer Festspiele
Neben den Opernaufführungen vor der spektakulär gestalteten Seebühne finden zahlreiche weitere Konzerte etc. in der ganzen Stadt statt.
Mitte Juli bis Mitte Aug.;
www.bregenzerfestspiele.com

Montafoner Treppencup in Partenen
Das ganze Jahr über dient die Europatreppe mit ihren 4000 Stufen als Fitnessstrecke – beim Treppencup wird sie zur Wettkampfstrecke für zahlreiche Hobbysportler.
Europatreppe in Partenen, Ende Juli;
www.vermuntbahn.at/inhalt/at/s/2066.htm

»poolbar«-Festival
Alljährlich zeigen internationale Bands im alten Hallenbad der Stadt Feldkirch ihr Können. Das mehrwöchige Festival ist ein überregionales Highlight im Sommer. Im Vorfeld wird ein Architekturwettbewerb um die Gestaltung der Räumlichkeiten ausgeschrieben.
Feldkirch, Anfang Juli–Mitte Aug.;
www.poolbar.at

AUGUST

Konstanzer Seenachtfest
Gastronomie, Livemusik und Feuerwerk – die Stadt überrascht ihre zahlreichen Gäste jedes Jahr mit neuen atemberaubenden Attraktionen zum Fest unmittelbar am Bodenseeufer.
Samstag Mitte Aug.;
www.seenachtfest.de

Kulturufer Friedrichshafen
Buntes Treiben an der Uferpromenade: Beim vielfältigen Angebot von Straßentheater, Literaturworkshops und Mitmachzirkus ist für jeden das Richtige dabei!
10 Tage Anfang Aug.;
www.kulturufer-friedrichshafen.de

Fürstenfest in Vaduz
Seit 65 Jahren feiern Tausende Einheimische und Besucher des Landes am 15. August, dem liechtensteinischen Staatsfeiertag, mit Musik, Gaumenschmaus und Feuerwerk die Fürstenfamilie.
15. Aug.; www.staatsfeiertag.li

SEPTEMBER

Walser Herbst
Kunst, Kultur und Kulinarik inmitten herrlicher Bergwelt – ein Festival der Sinne, das nicht verpasst werden sollte!
Biosphärenpark Großes Walsertal,
3 Wochen ab Ende Aug.;
www.walserherbst.at

Alpabtrieb
Anderswo als Almabtrieb bekannt, heißt's hier Alpabtrieb: Bunt geschmückt, wird das Vieh nach dem Alpsommer wieder zurück ins Tal getrieben, was jedes Jahr mit traditionellem Fest, Musik und buntem Markt gefeiert wird.
In vielen Orten der Region, z. B. Dornbirn, Schwarzenberg etc., Mitte Sept.

Beim Alpabtrieb pflegen auch junge Leute die schöne Tradition.

OKTOBER

Schubertiade in Hohenems

Alljährlicher Treffpunkt für hervorragende Künstler, die dem internationalen Publikum in kleinem Rahmen ausschließlich Werke von Franz Schubert präsentieren – ein feines Festival der besonderen Art!
Hohenems, 1 Woche Anfang Okt. (weitere Termine sind im Mai sowie in Schwarzenberg im Juni und Sept.); www.schubertiade.at

Schrunser Kunstnacht

Verbunden mit einer langen Einkaufsnacht, stellen heimische Künstler in Geschäften und Galerien im Zentrum ihre Werke aus, und in den Straßen herrscht ein ganz besonderes Flair.
Freitag Anfang Okt., 18.30–23 Uhr; www.schruns-tschagguns.at

DEZEMBER

Advent- und Christkindlmärkte

In ganz Vorarlberg finden zur Vorweihnachtszeit stimmungsvolle Adventsmärkte statt, besonders sehenswert sind der »Schwarzenberger Advent« und der Weihnachtsmarkt in der Bregenzer Altstadt.
z. B. in Bludenz, Bregenz, Dornbirn, Feldkirch, Schwarzenberg; www.vorarlberg.travel (Stichwort Themen/Kultur/Brauchtum), Ende Nov.–Weihnachten

Krampuslauf

In vielen Städten und Gemeinden finden um St. Nikolaus Krampusumzüge statt.
z. B. in Pettneu, Klösterle am Arlberg, Tschagguns

Wissenswertes von A bis Z

Auf einen Blick

GEOGRAFIE: Ohne den österreichischen Teil des Bodensees beträgt die Fläche Vorarlbergs 2596 qkm. Sie erstreckt sich von Lochau und Bregenz am Bodensee bis nach Feldkirch (Rheintal) und Brand (Brandnertal) im Westen, Partenen (Montafon) im Süden sowie Lech (Arlberg), Warth (Bregenzerwald) und Riezlern (Kleinwalsertal) im Osten. Vorarlberg grenzt im Westen und Süden an die Schweiz und Liechtenstein, im Norden und Osten an Deutschland (Bayern), im Süden und Südosten an das Bundesland Tirol. Die wichtigsten Wasseradern (zugleich Talschaften) sind Rhein, Ill, Bregenzerach, Alfenz, Alvier, Breitach, Frutz, Lech und Leiblach.

HÖCHSTE PUNKTE: Höchster Berg Vorarlbergs ist der Piz Buin (3312 m). Niedrigster Punkt ist der Bodensee (395 m). Auf dem Arlberg (1793 m) verläuft die europäische Wasserscheide zwischen Donau und Rhein. Er ist allerdings kein Berg im eigentlichen Sinn, sondern lediglich ein Pass – die Bezeichnung Berg stammt noch aus der Zeit der Walsersiedlungen und steht für unser heutiges Wort Pass. Die höchste Erhebung am Arlberg ist die Valluga (2809 m).

BEVÖLKERUNG: Die Einwohnerzahl Vorarlbergs beträgt rund 370 000. Die größte ausländische Bevölkerungsgruppe sind Deutsche (fast 20 000), gefolgt von Einwanderern aus der Türkei und dem ehemaligen Jugoslawien. Rund drei Viertel der Einwohner sind katholisch, zwei Prozent sind evangelisch, der Rest verteilt sich auf den Islam und andere Religionen.

WIRTSCHAFT: Bis zur Industrialisierung im 19. Jahrhundert war Vorarlberg dünn besiedelt und von mühseliger, zum Teil sehr ärmlicher Landwirtschaft (Stichwort: Schwabenkinder) geprägt. Schuld daran ist auch die topografische Lage: Nur 20 Prozent der Fläche Vorarlbergs besteht aus Talschaften. Die frühe Nutzung der Wasserkraft und die gute geografische Lage sorgten um die vorletzte Jahrhundertwende allerdings für eine rasante Aufholjagd. Berühmte Firmen aus Vorarlberg sind Doppelmayr (Seilbahnen), Rauch (Fruchtsäfte), Suchard (Schokolade), Gebrüder Weiss (Logistik), Alpla (Verpackungen), HEAD (Sportartikel) und Zumtobel (Lichttechnik). Der Tourismus ist ein starkes Standbein der Wirtschaft, jährlich verzeichnen die Betriebe mehr als zwei Millionen Nächtigungen.

POLITIK: Die Landesregierung besteht aus einem Landeshauptmann, einem Landesstatthalter sowie fünf Landesräten. Sitz der Regierung ist Bregenz, wichtige Institutionen (Gerichte, Verwaltung) sind aber gleichmäßig auf die vier Bezirke Bregenz, Dornbirn, Feldkirch und Bludenz verteilt.

ARCHITEKTUR

Die Vorarlberger Holzarchitektur ist weltberühmt, und viele Architekten reisen von weither zu Studienzwecken an.

Mehr Informationen beim Vorarlberger Architektur Institut: www.v-a-i.at

BREGENZER FESTSPIELE

Das Spiel auf dem See – ein unvergessliches Schauspiel mit internationalen Opernstars und ausgezeichneten Inszenierungen.

www.bregenzerfestspiele.com, Tel. 00 43/(0) 55 74/40 76

GLÜCKSSPIELE

Casino Bregenz – feines Spielkasino mit allen gängigen Glücksspielen. Jeder ist willkommen, Herren allerdings nur mit Jackett! Direkt am See gegenüber dem Festspielgelände.

www.casinos.at

HOLZSCHUHE

Traditionsreiche Spezialität aus dem Bregenzerwald. Unbedingt (an)probieren!

www.holzschuhe.at

KÄSESTRASSE

Im Bregenzerwald gibt es eine Gourmetstraße für Käsefreunde!

www.kaesestrasse.at

KULINARISCHES

Die Küche ist so vielfältig wie die geografische Lage Vorarlbergs: Allgäuer und Schweizer Spezialitäten vermischen sich mit Feinem aus den Bergen. Frische Zutaten wie Bärlauch, Morcheln und Spargel im Frühling, Erdbeeren, Pfifferlinge, Holunderblüten, Kirschen, Marillen und Himbeeren im Sommer sowie Steinpilze, Wild, Gänse, Kürbis und Kastanien im Herbst bestimmen die Gerichte in den vielen guten Restaurants im Ländle. Eine besondere Rolle spielt der Käse, den es als Almkäse im Sommer sowie als Emmentaler und Bergkäse ganzjährig gibt. Milch und Käse aus den Bergen bilden auch das Fundament vieler Teigspezialitäten, allen voran Spätzle (Rheintal) oder auch Knöpfle (Bregenzerwald), die gerne mit viel gutem Käse überbacken werden. Berühmt ist auch das Vorarlberger Bier, das aus fünf selbstständigen Brauereien stammt und vom Geschmack her eher herb ist. Beim Einkehrschwung auf der Hütte oder in der In-Kneipe um die Ecke bestellt man ein »Pfiff«, das ähnlich dem deutschen Kölsch einem (sehr) kleinen Bier entspricht. Im Rheintal wird seit Jahrhunderten Wein gekeltert, der nach allgemeinem Bekunden sehr gut ausgebaut ist. Im Laufe der Jahre haben sich in vielen Orten ausgezeichnete Köche niedergelassen. Der Gault Millau Österreich führt in Vorarlberg mehr als 50 Haubenrestaurants auf.

www.gault-millau.at (Region: Vorarlberg)

MEDIEN

Das Vorarlberger Medienhaus gibt die Tageszeitung VN (Vorarlberger Nachrichten), die Neue Vorarlberger Tageszeitung sowie die Wochenzeitung Wann&Wo heraus. Ein beliebter privater Radiosender ist »Antenne Vorarlberg«, wo es stets aktuelle Nachrichten sowie gute

Stau- und Blitzermeldungen gibt. Immer abends sendet das öffentliche Fernsehen ORF ein Schaufenster für die Region, das sich »Vorarlberg heute« nennt – übrigens auch im Internet abrufbar.
http://vorarlberg.orf.at; weitere Neuigkeiten: www.vol.at

ÖFFENTLICHE VERKEHRSMITTEL
Das öffentliche Verkehrswegenetz ist sehr gut ausgebaut, im Rheintal am besten per Zug, in den Bergen meist nur mit Bussen möglich. Oft in der Gäste- oder Liftkarte integriert oder kombinierbar.
www.vmobil.at

SPORT
Nicht nur große Skifahrer wie Marc Girardelli sind hier geboren, laut Landesregierung treibt jeder zweite Einwohner Sport, ein Drittel der Bevölkerung ist Mitglied in einem der mehr als 870 Sportvereine.
Infos unter: www.vorarlberg.gv.at

SPRACHE
Vorarlberger sprechen unterschiedliche alemannische Dialekte, die je nach Ort mal dem Schweizerdeutsch, dem Badischen oder dem Schwäbischen ähneln. Vorarlbergerisch als solches gibt es nicht. Ein Beispielsatz aus Egg im Bregenzerwald: Mutter: »Bischt ufm Maart ga inkoufo gsinn?« Sohn: »Jo, i hea drü Kilo Grumppra, a Schlägle Buttor, a Glas Johannisbeer-Insutt und an Pack Schpagetti kouft.«

TOURIST-INFO
Die Tourist-Information ist gegliedert in den landesweit und überregional agierenden Vorarlberg-Tourismus mit Sitz in Bregenz sowie in die Tourismus-Organisationen der Regionen:
www.vorarlberg.travel,
Tel. 00 43/(0)55 72/37 70 33-0
Bregenzerwald:
www.bregenzerwald.at,
Tel. 00 43/(0)55 12/23 65
Montafon: www.montafon.at,
Tel. 00 43/(0)55 56/72 25 30
Kleinwalsertal: www.kleinwalsertal.at,
Tel. 00 43/(0)55 17/5 11 40
Großes Walsertal: www.walsertal.at,
Tel. 00 43/(0)55 54/51 50
Brandnertal, Bludenz, Klostertal:
www.alpenregion.at,
Tel. 00 43/(0)55 52/3 02 27
Arlberg (Zürs, Lech, St. Christoph, St. Anton, Stuben):
www.arlberg.net,
St. Anton und St. Christoph:
Tel. 00 43/(0)54 46/2 26 90,
Stuben:
Tel. 00 43/(0)55 82/3 99,
Lech und Zürs:
Tel. 00 43/(0)55 83/21 61-0

VERKEHR
Hauptverkehrsstraße ist die Rheintalautobahn A 14, die vom Bodensee direkt bis zum Arlbergtunnel/ -pass führt. Es besteht Mautpflicht auf Autobahnen, Vignetten der AS-FINAG gibt es an den Grenzübergängen nach Österreich sowie an diversen Tankstellen. Korridorvignette: Für 2 Euro (Stand: 2011) kann man für die Strecke Hohenems–Lochau – inklusive Pfändertunnel – eine Korridorvignette lösen (wichtig für Durchreisende von Deutschland aus in die Schweiz).
www.asfinag.at

Register

Abtwil 101
Alpenlehrpfad 2, 27
Alpmuseum 26
Andelsbuch 2, 18–20
Arlberg 3, 8, 10, 36, 44–54, 64, 65, 114–120
Barualspitze 35
Bezau 2, 11, 18, 19, 24, 25
Bielerhöhe 4, 78, 81, 84, 85
Bizau 2, 19, 27, 31
Bludenz 3, 8, 10, 52–61, 114–118, 120
Bodensee 4, 5, 10, 54, 86–91, 94–96, 99, 100, 104, 106, 118, 120
Brand/Brandnertal 3, 10, 52, 53, 57, 59–61, 118, 120
Braunarlspitze 30
Braz 3, 52, 58, 114
Bregenz 4, 8, 10, 22, 87, 91, 92–99, 114, 117–119, 120
Bregenzer Festspiele 4, 94, 116, 119
Bregenzerwald 2, 10, 14–27, 30–32, 36, 52, 95, 118–120
Breitachklamm 28
Buder Höhe 62
Bürserberg 53, 60, 61
Dalaas 58, 64
Damüls 2, 26, 30–34, 42
Dornbirn 5, 8, 10, 99, 104–106, 114–118
Egg 2, 15, 17–19, 120
Europatreppe 4, 72, 79, 116
Faschina 32–34, 42, 43
Feldkirch 5, 8, 10, 99, 107–109, 114–118
Flexenpass 45
Flying-Fox 37, 66
Friedrichshafen 4, 87–89, 116
Furkajoch 43
Fussach 96, 97
Gafalljoch 59
Galtür 78, 80–82, 85
Gamperdonatal 62
Gantschier 83
Gargellen 4, 10, 51, 74–77, 81, 115
Gaschurn 69, 70–72, 74, 78, 79, 82, 83
Geissspitze 67
Geoweg 46
Golm 4, 66, 67, 74, 114
Großes Walsertal 3, 30, 32, 33, 38, 40–43, 116, 120
Grüner Ring 47
Gschwendtobelbrücke 2, 15

Hengstig 22, 23
Hirschberg 27
Hochberg 31
Hochblanken 30
Hochgerach 38
Hochkrumbach 2, 35
Höchst 4, 96, 97
Hohenems 5, 10, 11, 17, 70, 102, 103, 117, 120
Holdamoos 30, 31
Ifen 29
Juppe 14
Kalbelesee 26, 35
Kanzelwand 29
Karren 104, 105
Kleinwalsertal 2, 10, 28, 29, 118, 120
Klettergarten 42, 43, 51
Klettern 26, 34, 37, 42, 51, 76, 77
Konstanz 4, 11, 86, 87
Kops/Kopssee 4, 78, 81, 83
Körbersee 2, 26, 35
Kuchenspitze 51
Langlaufen 42, 49, 53, 85, 105
Lech 3, 36, 44–48, 114, 118, 120
Liechtenstein 62, 63, 110, 111, 118
Lindau 4, 90, 91, 99
Lingenau 2, 15, 16, 18
Lipperswil 5, 98
Lünerkrinne 59
Lünersee 3, 59, 83
Mainau 4, 86, 87
Mellau 2, 26, 33
Montafon 4, 10, 52, 67–78, 81–85, 118, 120
Mountainbiken 38, 56, 61, 72, 76, 78
Muggengrat 45
Muttersberg 54, 55
Muttjöchle 64
Nachtrodeln 2, 32, 33
Nenzinger Himmel 62
Oberlech 45
Oberstdorf 28, 29
Ochsenboden 45
Paragliden 3, 4, 38, 47, 50, 70
Partenen 4, 52, 69, 78–85, 116, 118
Pettneu 3, 49, 117
Pfänder 4, 95
Piz Buin 10, 78, 84, 85, 118
Rafting 16, 37, 71
Raggal 42
Rankweil 5, 52, 107

Rappenlochschlucht 104–106
Rätikon 3, 60, 62, 63, 78, 95
Riefensberg 2, 10, 11, 14, 52
Riezlern 10, 28, 29, 118
Rodeln 42, 64
Rüfikopf 44–47
Saulakopf 59
Schafgafall 59
Schattenburg 5, 108, 109, 115
Schesaplana 8, 59, 60, 62
Schnanner Klamm 51
Schneeschuhwandern 36, 42, 57, 64
Schnifis 3, 38
Schönenbach 2, 22, 23
Schröcken 2, 26, 31, 35–37, 115
Schruns 4, 10, 52, 68–75, 117
Schubertiade 2, 10, 17, 117
Schwarzenberg 2, 10, 17, 24, 25, 104, 105, 116, 117
Sea Life 86, 87
Sibratsgfäll 2, 22, 23
Skitourengehen 42, 45
Sommerrodelbahn 2, 27
Sonnenkopf 3, 64, 65
Sonntag 41–43
St. Anton 3, 11, 50–52, 114, 120
St. Gallen 5, 11, 99–101
St. Gallenkirch 70, 74
St. Margrethen 99
Sulzfluh 60, 62
Tiefenbach 28
Tierpark 1, 60
Tschagguns 4, 66, 69, 72–75, 117
Tschengla 53
Vaduz 5, 110, 111, 116
Vandans 4, 66, 67, 74
Vermunt 4, 78, 83
Wälderbähnle 4, 25
Waldseilgarten 2, 34
Walgau 38, 62
Walserkamm 38
Wandern 1, 2, 3, 22, 23, 26, 31, 35, 36, 38, 53, 59, 62, 63, 82, 104, 107
Warth 2, 10, 26, 36, 37, 115, 118
Weißer Ring 44, 45
Zitterklapfen 30
Zug 24, 25, 44, 45, 120
Zuger Hochlicht 45
Zürs 3, 10, 44–48, 114, 120
Zürsersee 45

Quickfinder – alle Ausflugstipps auf einen Blick

Tipp	Seite	Ort	Ausflugstipp	Jahreszeit
1	14	Riefensberg	Juppenwerkstatt in Riefensberg	Mai–Okt
2	15	Lingenau	Quelltuffweg und Gschwendtobelbrücke	ganzjährig
3	16	Lingenau	Variantenreicher Aktivsport	Mai–Okt
4	17	Schwarzenberg	Besuch eines Schubertiade-Konzerts	Mai–Okt
5	18	Egg/Bezau	Käsestraße Bregenzerwald	ganzjährig
6	20	Andelsbuch	Bregenzerwälder Käsehaus in Andelsbuch	ganzjährig
7	22	Sibratsgfäll	Wanderung von Sibratsgfäll nach Schönenbach	März–Okt
8	24	Bezau/Schwarzenberg	Wälderbähnle	Mai–Okt.
9	26	Mellau/Damüls/Warth	Wandern, Nordic Walking	April–Okt
10	27	Bizau	Sommerrodelbahn und Alpenlehrpfad	ganzjährig
11	28	Kleinwalsertal	Bergschau in der Region	ganzjährig
12	30	Damüls	Gipfeltouren im Bregenzerwald	Mai–Okt.
13	32	Damüls	Rodelspaß rund um die Uhr	Dez.–April
14	34	Damüls	Waldseilgarten Damüls	Mai–Sept
15	35	Hochkrumbach	Wanderung zum Körbersee	April–Okt
16	36	Warth/Schröcken	Skigebiet	Dez.–April
17	37	Warth/Schröcken	Outdoor-Action	Mai–Okt.
18	38	Schnifis	Wandern und Paragliden	April–Okt
19	40	Großes Walsertal	Biosphärenpark Großes Walsertal	April–Okt
20	42	Großes Walsertal	Bergsport	Dez.–April
21	44	Lech	Skigebiet Lech Zürs	Dez.–April
22	46	Lech	Lech Zürs im Sommer	Mai–Juni
23	48	Lech	Sportpark Lech und Familienpark	ganzjährig

Restaurant	Museum	Wandern, Spazieren	Radeln	Zoo, Tierpark, Reiten	Besichtigung	Theater, Veranstaltung	Wasseraktivitäten	Tipps für Kids	Sport & Fitness	Freizeit-/Activitypark	Shopping	für Regentage
✕	🏛											☂
✕		🚶						👪				
							≈	👪	⊙			
✕						🎭						☂
✕								👪			🛍	☂
✕	🏛						≈	👪				☂
✕		🚶	🚴					👪				
✕	🏛							👪				☂
✕		🚶					≈	👪				
✕								👪		🎡		
✕	🏛	🚶					≈					☂
✕		🚶						👪				
✕								👪	⊙			
								👪	⊙			
✕		🚶					≈	👪				
✕		🚶						👪	⊙			
							≈	👪	⊙			
✕		🚶	🚴					👪	⊙			
	🏛	🚶					≈	👪				☂
✕		🚶	🚴					👪	⊙			
✕								👪	⊙		🛍	
		🚶						👪	⊙			☂
✕							≈	👪	⊙			☂

123

Quickfinder – alle Ausflugstipps auf einen Blick

Tipp	Seite	Ort	Ausflugstipp	Jahreszeit
24	49	Pettneu	Wellnesspark Arlberg Stanzertal	ganzjährig
25	50	St. Anton	Kultur am Berg	Juli–Aug.
26	51	St. Anton	Klettersteige	März–Okt.
27	52	Brand/Ganz Vorarlberg	Golfplätze in der Region	April–Okt.
28	53	Tschengla	Hochplateau und Schaukäserei	ganzjährig
29	54	Bludenz	Altstadtbummel	ganzjährig
30	56	Bludenz	Alpen-Erlebnisbad und Saunaland Val Blu	ganzjährig
31	57	Brandnertal/ Bludenz	Husky-Workshops und Hundeschlittenfahrt	Dez.–Apri
32	58	Braz/Dalaas	Fallbach und Mason-Wasserfall	ganzjährig
33	59	Brandnertal	Lünersee	Mai–Okt.
34	60	Brandnertal	Bürser Schlucht und Tiererlebnispfad	April–Okt.
35	62	Nenzinger Himmel	Wandern und Mountainbiken	März–Okt.
36	64	Sonnenkopf	Winterwanderweg Muttjöchle	Dez.–Apri
37	65	Sonnenkopf	Bärenland	Juni–Okt.
38	66	Vandans	Bewegungsberg Golm	ganzjährig
39	68	Schruns	Nordic-Walking-Szene Montafon	ganzjährig
40	69	Schruns	Fußballszenecamp und Freizeitsport	ganzjährig
41	70	Schruns	Paragliden	ganzjährig
42	71	Gaschurn	Mountain Beach Freizeitpark	Mai–Sept.
43	72	Tschagguns	Aktivpark Montafon	ganzjährig
44	73	Tschagguns	Aqua-Wanderweg	ganzjährig
45	74	Montafon	Skifahren im Montafon	Dez.–Apri
46	76	Gargellen	Family Fun Club	Juni–Sept.

Restaurant	Museum	Wandern, Spazieren	Radeln	Zoo, Tierpark, Reiten	Besichtigung	Theater, Veranstaltung	Wasseraktivitäten	Tipps für Kids	Sport & Fitness	Freizeit-/Activitypark	Shopping	für Regentage
🍴							≈	👪	⬤			☂
🍴								👪		⚙		☂
🍴								👪	⬤			
								👪	⬤			
🍴		🚶						👪				☂
🍴	🏛				⛪			👪			🛍	☂
🍴		🚶	🚲				≈	👪	⬤			☂
🍴				🐘				👪	⬤			
🍴		🚶					≈	👪	⬤			
🍴		🚶						👪				
🍴		🚶	🚲	🐘			≈	👪	⬤			
🍴		🚶	🚲					👪				
🍴		🚶						👪	⬤			
🍴		🚶	🚲				≈	👪	⬤		⚙	
🍴		🚶						👪	⬤			
		🚶										
								👪	⬤			☂
🍴		🚶	🚲					👪	≈			
🍴							≈	👪	⬤			
🍴		🚶	🚲				≈	👪	⬤	⚙		☂
🍴		🚶						👪	⬤			
🍴		🚶						👪	⬤			
🍴		🚶	🚲				≈	👪	⬤			

Quickfinder – alle Ausflugstipps auf einen Blick

Tipp	Seite	Ort	Ausflugstipp	Jahreszeit
47	78	Partenen	Silvretta-Bikesafari	ganzjährig
48	79	Partenen	Europatreppe	ganzjährig
49	80	Partenen	Skisafari	Dez.–April
50	82	Galtür	Silvretta-Hochalpenstraße	Juni–Okt.
51	83	Montafon	Angeln in den Stauseen	April–Okt
52	84	Bielerhöhe	Hochgebirgstour	ganzjährig
53	86	Konstanz	Altstadt und Meeresaquarium	ganzjährig
54	88	Friedrichshafen	Stadt und Museen	ganzjährig
55	90	Lindau	Stadt und Hafen	ganzjährig
56	91	Bregenz	Themenfahrten auf dem Bodensee	ganzjährig
57	92	Bregenz	Stadt und Kloster Mehrerau	ganzjährig
58	94	Bregenz	Bregenzer Festspiele	Juli–Aug.
59	95	Bregenz	Ausflug auf den Pfänder	ganzjährig
60	96	Höchst/Fußach	Rheindelta und Naturpark am Alten Rhein	ganzjährig
61	98	Lipperswil	Conny-Land	April–Okt
62	99	Region Bodensee	Einkaufsbummel in den Städten der Region	ganzjährig
63	100	St. Gallen	Stadtbesuch	ganzjährig
64	101	St. Gallen	Säntispark	ganzjährig
65	102	Hohenems	Altstadt und jüdisches Viertel	ganzjährig
66	104	Dornbirn	Ausflüge im Umland	ganzjährig
67	106	Dornbirn	Museen	ganzjährig
68	107	Rankweil	Stadt und Umgebung	ganzjährig
69	108	Feldkirch	Stadt mit Schattenburg und Wildpark	ganzjährig
70	110	Vaduz	Kultur und Altstadt	ganzjährig

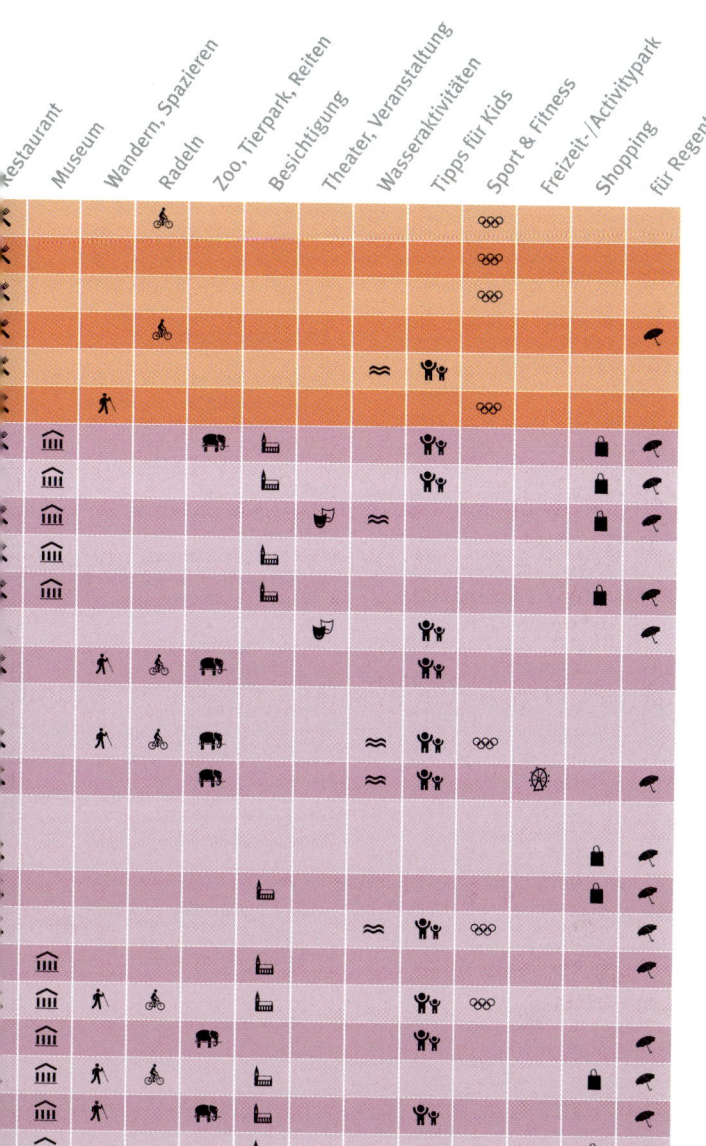

Restaurant · Museum · Wandern, Spazieren · Radeln · Zoo, Tierpark, Reiten · Besichtigung · Theater, Veranstaltung · Wasseraktivitäten · Tipps für Kids · Sport & Fitness · Freizeit-/Activitypark · Shopping · für Regentage

Liebe Leserinnen und Leser,

vielen Dank, dass Sie sich für einen Titel aus unserer Reihe MERIAN aktiv entschieden haben. Wir freuen uns, Ihre Meinung zu diesem Freizeitführer zu erfahren. Bitte schreiben Sie uns an merian-aktiv@travel-house-media.de, wenn Sie Berichtigungen und Ergänzungen haben – und natürlich auch, wenn Ihnen etwas ganz besonders gefällt.

Alle Angaben in diesem Freizeitführer sind gewissenhaft geprüft. Preise, Öffnungszeiten usw. können sich aber schnell ändern. Für eventuelle Fehler übernimmt der Verlag keine Haftung.

© 2011 TRAVEL HOUSE MEDIA
  GmbH, München
MERIAN ist eine eingetragene Marke der GANSKE VERLAGSGRUPPE.

1. Auflage

BEI INTERESSE AN DIGITALEN DATEN AUS DER MERIAN-KARTOGRAPHIE:

kartographie@travel-house-media.de

TRAVEL HOUSE MEDIA
Postfach 86 03 66
81630 München
merian-aktiv@travel-house-media.de
www.merian.de

AUTOR
Raimund Haser
ROGRAMMLEITUNG
Dr. Stefan Rieß
KONZEPT UND IDEE
Verónica Reisenegger, Ingra Halder, Andreas Hugle
REDAKTION
Ingra Halder
LEKTORAT
Volker Eidems, Daniel Hoch
SATZ
Cordula Schaaf, München
REIHENGESTALTUNG
bookwise GmbH, München
KARTEN
Gecko-Publishing GmbH
für MERIAN-Kartographie
DRUCK UND BUCHBINDERISCHE VERARBEITUNG
Stürtz Mediendienstleistungen, Würzburg
GEDRUCKT AUF
Eurobulk Papier von der Papier Union

Wir danken Herrn Dr. Norbert Huber für seine wertvollen Hinweise.

Ein Unternehmen der
GANSKE VERLAGSGRUPPE

MIX
Papier aus verantwortungsvollen Quellen
FSC® C043954

BILDNACHWEIS

Titelbilder (von links nach rechts): Schapowalow/Atlantide, Anja Lehmann /VISUM, Mel Stuart/Westend61; Alpenregion Bludenz: 56, 57, 58, 60, 65, Anzenberger, Toni: 7, 18, 46, 92, 102, Artho, Kevin/Archiv Vorarlberg Tourismus: 35, Bildagentur Huber: 84, 108, Bildagentur Huber/R. Schmid: 11, Bodensee-Vorarlberg Tourismus: 91, Bregenzerwald Tourismus GmbH: 27, 34, Caro/Hoffmann: 105, Caro/Riedmiller: 10, 15, 26, 30, 43, 70, 117, Connyland: 98, Dornier Museum Friedrichshafen/Florian Holzherr: 88, Eisenberger, Harald/LOOK-foto: 64, Family Fun Club – Gargellen Tourismus: 77, Family Fun Club/Maria Fröschl: 12, Forster, Karl: 94, 114, Fotolia: (akf: 112, Alexander Reitter: 6, Gerd Reiber: 87, Netzer Johannes: 63, Thomas: 6, 62, VRD: 86, greendblue: 16), Gröger, Edi/Schruns-Tschagguns Tourismus: 78, Hagspiel, Peter/Archiv Tourismusbüro Sibratsgfäll: 22, Haser, Raimund: 54, 59, 84, Illwerke Tourismus: 6, 8, 13, 67, 74, 82, 83, imagebroker/vario images: 50, 96, IMAGO: 113, imago/Arnulf Hettrich: 90, imago/blickwinkel: 38, imago/imagebroker: 107, inatura Erlebnis Naturschau GmbH: 12, 106, Jahreszeiten Verlag/www.jalag-sy: 20, Kleinwalsertal Tourismus: 29, laif/Christian Heeb: 100, Lech Zürs Tourismus, Alex Kaiser: 44, 48, Lonely Planet Images/Martin Moos: 110, mauritius images: 40, McPHOTO/vario images: 55, Montafon Tourismus: 73, 79 Outdoor Archiv/Himsl Leo: 80, Pfänderbahn AG: 95, Roy, Philippe/hemis.fr/laif: 19, Schruns-Tschagguns Tourismus GmbH: 68, 69, shutterstock/peappop: 99, shutterstock/photoinnovation: 52, shutterstock/Strider: 71, Strauss, Andreas/LOOK-foto: 32, Stukhard, Cathrine/laif: 14, TVB St. Anton am Arlberg: 51, Warth-Schröcken Tourismus: 36, WELLNESSPARK ARLBERG STANZERTAL: 49, www.waelderbaehnle.at: 24; alle weiteren Bilder: MERIAN-Archiv oder Pressematerial